Le cadeau de la sobriété

Une transformation spirituelle
Par **Rose B.**

Copyright © 2019 par Rose B.

Numéro de contrôle ISBN:

relié: 978 - 1- 77419 - 004 - 3

Couverture souple: 978 - 1 - 77419 - 000 - 5

Tous les droits sont réservés. Aucune partie de ce livre ne peut être reproduite ou transmise sous quelque forme ou par quelque moyen que ce soit, électronique ou mécanique, y compris la photocopie, enregistrement, ou par tout système de stockage et de récupération des informations, sans autorisation écrite du détenteur des droits d'auteur.

Imprimer les informations disponibles sur la dernière page.

Dépôt légal : 16/08/2019

Pour commander des exemplaires supplémentaires de ce livre, contactez:

Maple Leaf Publishing Inc.
3rd Floor 4915 54 Street Red Deer, Alberta T4N 2G7, Canada
1-(403)-356-0255

Traduction de l'Anglais par **Frédéric Bar**

Couverture : **Frédéric Bar**

Photo Couverture : **Marianne Sopala**

Maquette : **Frédéric Bar**

Dévouement

Ce livre est dédié à mon parrain et à tous ceux qui ont donné sans compter de leur temps, de leurs connaissances et de leur amour pour m'aider dans mon cheminement vers le rétablissement de l'alcoolisme. Il est également dédié à tous ceux qui souffrent encore.

Oh toi qui donnes notre nourriture à l'univers, de qui toutes choses procèdent, vers qui toutes choses retournent, dévoile-nous la face du Vrai Fils du Soleil Spirituel, Cachée par un disque de lumière dorée, afin que nous puissions connaître la vérité, et faisons tous notre devoir, alors que nous nous dirigeons vers Tes Pieds Sacrés.

                Prélude à une chanson du Prince
                Cercle de feu

Avant-propos

C'est un plaisir d'écrire cet avant pour Rose Bruce. Je connais Rose depuis plus de dix ans, les deux dernières en tant que thérapeute. Je l'ai vue faire des hauts et des bas alors qu'elle avait vécu une grande perte et un défi émotionnel important. Rose est une femme de carrière et une éducatrice extrêmement intelligente et couronnée de succès, dotée de nombreux talents, d'une énergie débordante et d'une vive curiosité spirituelle. Elle est aussi une alcoolique. Une fois que Rose a lancé le programme en 12 étapes des Alcooliques anonymes, elle a approfondi ses recherches pour mieux comprendre la maladie et sa propre ascendance. Elle a fait une recherche sincère de conscience de soi, d'humilité et de connexion spirituelle. Cela a signifié un saut dans son bien-être, une amélioration dans toutes ses relations et le fondement de son équanimité. J'ai été témoin des changements de Rose au cours de la dernière année et il est rare que je voie quelqu'un se consacrer si sérieusement et complètement à son rétablissement, tout comme elle.

Ce livre a commencé comme journal pour sa propre guérison, pour son rétablissement et pour rendre compte de ses expériences. Sa décision de transformer son propre journal de voyage en livre pour le public vient de son désir de rendre service. Je pense que vous le trouverez aussi attrayant et informatif que moi.

Si vous ou quelqu'un que vous connaissez êtes aux prises avec la maladie de l'alcoolisme, ce livre éduquera et inspirera tout au long du parcours narratif de cette femme singulière.

Par **Frances Fuchs**, 2018

Table des matières

Dévouement 2
Avant-propos 3
Le commencement 6-7
Une autre tournure inattendue 8-9-10
La prochaine phase de ma vie 11-12-13
Apprendre sur l'alcoolisme 14-15
La prière de la troisième étape 15
Rêves et Orientation 16
Gary 16-17-18-19-20-21
Leslie 22-23
Éric 24-25-26
Une nouvelle voiture 27
Un nouveau livre à lire 28
La volonté de Dieu 29
Le Sacré Cœur 30-31
Dépression 32-33-34
Puissance supérieure 35
École spirituelle 36
Bilan de l'année 2017 37-38
Rêves, être brisé et pannes d'électricité 39-40
Message de Leslie 41
Abandon 42
Mort 43-44-45

Une maladie progressive 46
Peur 47
Le rythme de ma semaine 48-49
Bénis-la et change-moi 50-51
Espoir et joie 52
Être au service 53
Pensées suicidaires 54-55
Vous ne le faites pas seul 56
Être secrétaire 57
C'est ma maladie qui parle 58-59
Des similitudes non des différences 60-61-62
Mon sponsor 63-64
Copains 65
Alzheimer 66-67-68-69
Incertitude 70-71-72-73
Mon endroit sûr et privé 74-75
Mon Cœur 76-77
Reconnaissance 77
La fin 77

Annexe A 78
Les Douze Étapes des Alcooliques Anonyme

Appendice B 79
Références

5

Le commencement

J'écris ce journal parce que je sens que je change et que je veux faire la chronique de ce que je ressens et de ce que je pense afin de pouvoir comprendre, plus tard, comment ces changements se sont produits.

Je m'appelle Rose et je suis alcoolique. Je le comprends maintenant, mais je ne le savais pas depuis très longtemps. J'ai été élevé dans une famille luthérienne suédoise du Kansas. Tout ce que je savais à propos de l'alcool, c'était que nous le buvions au dîner à Pâques et à Noël (quand j'étais adulte). Je pourrais boire un verre de vin ou peut-être deux. Mais c'était ça.

J'ai été élevé pour être une femme et une mère. Je me suis mariée à 19 ans, tout comme ma mère et mes deux sœurs avant moi. Cependant, pour moi, cela a pris fin lorsque mon mari, depuis quatre ans, a quitté le mariage subitement. Je suis rentré du travail un jour d'été et il n'était pas là. Il n'y avait pas de note et je ne comprenais pas où il était. Je regardai dans le placard et vis que ses vêtements avaient disparu. J'ai appelé la banque et on m'a dit qu'il avait retiré la moitié de notre compte chèque et compte d'épargne. J'étais dévastée et me sentais malade. J'ai été engourdi pendant plusieurs mois et j'ai essayé de trouver une solution. Mes parents m'ont dit que c'était de ma faute. Cela ne me semblait pas juste. Mon père m'a emmené parler à leur ministre et je me suis senti totalement incompris et jugé. J'ai réalisé que j'étais seul pour déterminer qui j'étais. J'ai donc décidé de faire un voyage avec un nouvel ami de sexe masculin qui vivait en Espagne depuis deux ans et parlait couramment l'espagnol, à travers le Mexique, l'Amérique centrale et l'Amérique du Sud. J'avais toujours voulu voir le monde et j'avais fait un voyage en Europe avec mon mari. C'était sept mois avant de rentrer chez moi en Californie. Au cours de cette période, j'ai eu le temps de réfléchir, de lire et de commencer à pratiquer le hatha yoga et de réaliser que tout ce que j'avais appris était en rapport avec la culture que j'avais été élevé dedans.

J'ai appris un peu d'espagnol et parlé avec des femmes alors que nous voyagions de ville en ville. Je leur poserais des questions sur leur vie, leurs espoirs et leurs rêves. Ils n'en avaient généralement pas et se sentaient plutôt certains qu'ils passeraient le reste de leur vie dans la ville chaude et poussiéreuse dans laquelle ils sont nés. Ils avaient probablement raison. J'ai réalisé que j'avais de nombreuses avantages: être blanc, femme et en Amérique. Je me sentais une grande responsabilité de faire quelque chose de ma vie et j'ai décidé de retourner au collège.

J'ai magasiné dans des collèges du nord de la Californie. J'étais dans le tarot à cette époque et chaque fois que je posais des questions sur un collège en particulier, la carte Sun apparaissait, qui était une carte Arcanique majeure qui représentait le plus haut niveau spirituel. Je ne savais pas ce que cela voulait dire exactement, mais j'ai eu le sentiment que cela laissait présager de bonnes choses. J'ai donc déménagé dans une petite ville de la vallée de Californie pour fréquenter une université d'État. J'ai obtenu mon baccalauréat et ma maîtrise (respectivement en psychologie et en counseling). J'ai aussi eu une ceinture noire à Kodenkan Ju Jitsu. Je vivais seul dans une petite maison que mes parents avaient achetée pour que je reste et je l'aimais. Je pouvais faire tout ce que je voulais jour et nuit et j'avais l'impression d'enfin savoir qui j'étais.

Une autre tournure inattendue

Après avoir obtenu mon diplôme et travaillé pendant environ un an et demi au collège auquel j'avais assisté, j'ai décidé qu'il était temps de poursuivre des études pour promouvoir ma carrière professionnelle. À cette époque, je souhaitais devenir conseillère. J'ai donc décidé de m'inscrire à un programme de doctorat privé en psychologie clinique à Berkeley, en Californie, faire la navette entre la ville dans laquelle je vivais et celle là-bas. Je me soutenais en faisant un message sur rendez-vous dans le dojo que j'avais aidé à diriger. C'était un type de massage complet du corps conçu pour promouvoir la santé en général que j'avais appris lors de mes études de Ju Jitsu. J'avais très peu d'argent mais je sentais que j'étais sur la bonne voie.

Puis tout à coup ma vie s'est effondrée à nouveau. J'ai eu une série de trois rêves par semaine d'affilée les nuits avant mon retour de Berkeley. Le premier était assez anodin, juste un ami noir très beau qui me parlait. Mais c'est arrivé comme je l'avais rêvé. Je ne savais pas ce que cela voulait dire, mais j'ai fait confiance aux deux autres quand ils se sont produits. Le dernier était de mon mari alors âgé d'un an et demi, mon instructeur de Ju Jitsu, étant avec une autre femme. Ce week-end, je l'ai trouvé avec cette femme et j'ai réalisé que ce mariage était terminé. J'ai de nouveau été choqué et dévasté et je ne savais pas quoi faire.

Quelques mois plus tard, dans cette petite ville universitaire, je conduisais sous la pluie en me demandant quoi faire de ma vie. Mes essuie-glaces ne fonctionnaient pas à ce moment-là et je me sentais totalement seul et incertain de ce qu'il fallait faire. J'ai décidé de me rendre chez un homme que j'avais connu quand je travaillais chez Tower Records et qui se préparait à l'université. Il a ouvert la porte et m'a pris dans ses bras. Cela a commencé avec une autre relation sur laquelle j'ai compté. Nous nous sommes fréquenté et j'ai décidé de l'épouser. Je me sentais totalement soutenu dans mes objectifs. Cependant, après notre mariage et qu'il était temps de rentrer pour la deuxième année du programme de doctorat, il a fait une grosse crise quand j'ai dit que je revenais. Dans sa tête, j'étais avec lui maintenant et cela signifiait rester avec lui.

J'ai été mis à l'écart mais j'ai ressenti le besoin de quitter le programme. J'ai commencé à boire du vin toute la journée quand j'étais seul et il était au travail. J'ai réalisé que c'était malsain et j'ai décidé d'assister à une réunion des AA en ville.
J'y ai assisté pendant environ six mois. J'ai écouté attentivement et lu le Grand Livre des Alcooliques Anonymes. J'ai lu les réflexions quotidiennes et fait les douze étapes (voir l'annexe A) par moi-même. J'étais très sincère. Cependant, je ne comprenais pas comment obtenir et avoir besoin d'un sponsor. J'ai essayé de faire le programme seul et après quelques mois, j'ai abandonné les AA.

Nous avons déménagé dans un comté du nord de la Californie et j'ai obtenu un emploi dans une agence de traitement de la toxicomanie. Un jour, un conseiller du programme qui cherchait du travail à l'université de cette ville m'a dit qu'il y avait une ouverture pour un psychométriste (une personne qui comprend la théorie et les méthodes de mesure psychologique) et que je n'avais jamais fait cela auparavant? Oui, je devais et la demande d'emploi devait être retournée le lendemain. J'ai postulé et obtenu le travail. Je vois maintenant que ma puissance supérieure intervenait dans ma vie pour m'engager sur une nouvelle voie. J'ai commencé à y travailler et y suis resté pendant 28 ans. Je me suis progressivement renforcé en partie parce que cela était exigé de moi dans mon poste professionnel.
On m'a dit qu'il me fallait un doctorat pour progresser dans ma profession. J'ai donc magasiné et trouvé le programme idéal pour moi à l'Université de Californie à Berkeley. Il serait possible pour moi de faire la navette et de retourner au travail. On m'a donné un jour de congé par semaine pour assister aux cours et j'ai décidé d'y assister. Mon mari n'avait pas changé d'avis quant à mon obtention d'un diplôme d'études supérieures et ne soutenait pas ce plan. Je l'ai emmené parler à mon superviseur à l'époque qui m'a expliqué pourquoi j'avais besoin de ce diplôme. Cela ne l'a toujours pas convaincu. Cependant, j'étais devenu plus fort en moi et j'étais déterminé à y aller. Un jour, au déjeuner, je lui ai dit que j'allais m'inscrire au programme de doctorat. Il a dit: «Si vous allez à l'école, je veux que vous m'achetiez une voiture de sport.» et nous sommes allés acheter un Fiero rouge.

Il était libre de faire le tour et moi de retourner aux études. Après six ans, j'ai obtenu mon doctorat de l'Université de Californie à Berkeley avec une spécialisation en mesures et méthodes quantitatives en psychologie de l'éducation. Lorsque j'ai terminé mes études de doctorat, j'ai été promu au poste de directeur du bureau d'essais de l'université où je travaillais. J'ai continué à y travailler jusqu'à ma retraite, 28 ans plus tard, en occupant plusieurs postes à responsabilités croissantes. Quand j'ai pris ma retraite, j'étais vice-président associé à la recherche institutionnelle.

Environ quatre ans après mes études de doctorat, mon mari a été diagnostiqué avec le sida. Ce fut un choc total pour moi et encore une fois j'étais dévasté. Je me sentais déterminé à poursuivre mes études mais j'ai réalisé que je devais apprendre à prendre soin de lui. J'ai donc lu tout ce que je pouvais sur la maladie et le peu de choses qu'on en savait alors (c'était dans les années 1980). J'ai réalisé que j'avais deux choix: répondre avec amour ou avec peur. J'ai choisi l'amour. J'ai été testé pour le virus et j'ai découvert qu'il ne m'avait pas été transmis. Je crois que ma puissance supérieure avait protégé car nous n'avions pas pratiqué de relations sexuelles sans risque depuis plusieurs années. Je suis resté avec lui, en prenant soin de lui, jusqu'à son décès, trois ans et trois mois plus tard. Encore une fois, ma vie s'était effondrée.

La prochaine phase de ma vie

Pendant que je travaillais à l'Université d'État, j'ai enseigné occasionnellement au département de psychologie sur les statistiques et les méthodes de recherche. Pendant que je donnais une conférence introductive sur l'analyse de Rasch, le sujet de ma thèse, au cours du premier cours du semestre, une femme au fond de la salle leva la main avec enthousiasme pour poser des questions. Elle était la seule personne dans la pièce à comprendre de quoi je parlais. Elle s'appelait Leslie. Ainsi commença une merveilleuse amitié qui dura trente ans. Nous nous rencontrions pour le déjeuner ou elle passait pendant mes heures de bureau pour discuter de toutes sortes de sujets allant des mathématiques à la psychologie en passant par la spiritualité et la mort. Nous parlions pendant des heures, puis passions devant la porte de mon bureau et nous nous serions la main. J'étais très conscient de nos positions respectives et du fait qu'il n'était pas approprié de s'impliquer avec un étudiant. Quand mon mari était en train de mourir, elle m'a apporté beaucoup de réconfort et de consolation.

Après la mort de mon mari, j'ai été affligé de sa mort. J'ai continué à rencontrer Leslie pour le déjeuner. J'étais très conscient que j'étais amoureux d'elle, mais je ne savais pas comment gérer le fait qu'elle était une femme. Je me souviens d'une journée au déjeuner où elle s'est émue en parlant de la mort de sa mère. Je voulais tendre la main et lui toucher la main pour la soutenir. J'étais consciente que des gens autour de nous nous regardaient et hésitais à lui toucher la main. Ensuite, j'ai réalisé que mon sentiment d'amour était plus grand que ma peur de ce qu'ils pourraient penser. J'ai touché sa main. Cela a commencé mon acceptation progressive de mon amour pour Leslie. Ce fut un partenariat et une vie ensemble merveilleux qui ont duré vingt ans.

C'est alors que mon alcoolisme est revenu et a lentement repris ma vie. J'étais seul, en deuil et essayais désespérément de trouver mon chemin. Je pensais en quelque sorte que le vin que je consommerais me rassurerait. Il n'y avait pas. Au lieu de cela, cela a exacerbé ma dépression et j'ai alors vécu deux ans et demi de folie.

Je buvais et j'étais bouleversé un jour d'été et j'ai appelé un ami de sexe pour qu'il vienne m'aider. Il est venu et me réconfortait. Sa femme a appelé et a demandé ce qu'il faisait. Elle est venue et, parce qu'elle était infirmière dans un hôpital local, a décidé de m'emmener à la salle d'urgence. J'étais très mécontent qu'au lieu de m'aider à gérer mes sentiments, je fus soudainement remis à des étrangers. J'étais en colère contre cette trahison de confiance. J'ai ensuite expérimenté mes premières 5150 ou 72 heures de détention. Je suis resté à l'hôpital sous observation constante, c'est-à-dire que quelqu'un était assis dans ma chambre d'hôpital en tout temps, en train de lire un livre et juste d'être là. Après 24 heures, j'ai été transférée dans une salle de groupe d'environ huit patients et j'ai passé mon temps à travailler sur mon ordinateur et à appeler des amis. Le conseiller à l'admission est venu m'interviewer après trois jours et je n'étais plus suicidaire. Elle avait également parlé avec ma conseillère, Frances, qui comprenait ce que je vivais alors que je commençais à la voir gagner. On m'a laissé sortir et je suis rentré chez moi et dans ma vie.

En résumé, il y a eu une série de tentatives de suicide, de voyages en ambulance et de brefs séjours dans des hôpitaux psychiatriques au cours des deux prochaines années et demie. Je n'ai pas compris ce qui m'arrivait. J'étais une femme professionnelle accomplie et instruite. Je ne pouvais pas comprendre le fait que j'étais maintenant envoyé de la salle d'urgence à des hôpitaux psychiatriques dans des salles verrouillées. Personne ne me parlait de ce que je vivais, de la peur et de la consternation. On me donnait des antidépresseurs et on me renvoyait à chaque fois après trois jours, le temps requis par la loi pour m'empêcher de me faire du mal.

Je n'avais aucune idée des ravages causés par l'alcool sur mon esprit et mon corps. On m'a administré des médicaments contre la dépression et l'anxiété, et je me suis désintoxiqué de l'alcool, mais personne ne m'a jamais parlé de l'alcoolisme ni du rôle qu'il jouait dans ma vie. J'ai continué à boire en essayant de trouver un soulagement. Mais la dépression a été exacerbée par l'alcool. J'ai assisté à un programme de consultation externe qui a aidé. Cependant, je savais que c'était juste une question de temps avant que je puisse faire une autre tentative de suicide.

Enfin, le 7 juillet 2017, je me suis retrouvée dans mon salon avec mon futur mari et une gentille voisine, me disant désespérément que j'avais besoin d'aide. Je n'avais jamais dit cela de toute ma vie, mais je savais que j'avais des problèmes. Je sais maintenant que non seulement eux-mêmes et les autres personnes à qui j'ai crié ce jour-là ont entendu mon appel, mais ma puissance supérieure l'a également fait. Je me suis retrouvé dans l'unité de crise psychiatrique. Vers 2 heures du matin, un conseiller est entré dans ma chambre, dans l'établissement verrouillé, pour faire mon évaluation initiale. Il m'a demandé si je pensais être un alcoolique. J'ai répondu que je ne le pensais pas car j'avais toujours arrêté de boire chaque fois que cela commençait à être un problème dans ma vie. En fait, il a dit que j'étais un alcool. Bien que d'autres personnes aient parfois suggéré que j'arrête de boire ou exprimé mon inquiétude à mon égard, il a toujours été dit avec un sentiment de condamnation et une suggestion selon laquelle j'avais un faible caractère. Il l'a dit d'une manière si factuelle, sans aucune condamnation, et cela m'a rendu curieux. Je lui ai demandé comment il pouvait savoir que j'étais un alcoolique alors que je venais de me rencontrer. Il a commenté mon visage rouge, mon gros ventre et le fait que j'avais un taux d'alcoolémie de 0,29, ce qui est bien au-dessus de ma limite légale. Il connaissait également mes antécédents d'hospitalisations. À ce moment-là, je ne me sentais pas du tout en état d'ébriété et j'ai été surpris d'apprendre que mon taux d'alcoolémie était si élevé. Je me sentais gêné et désespéré et lui ai demandé ce que je devais faire. Il m'a suggéré de rester dans l'établissement verrouillé à titre bénévole pendant deux nuits, puis de retourner au programme de consultations externes que j'avais mené à bien quelques mois auparavant. Je l'ai fait et je me suis fixé comme objectif d'assister aux Alcooliques anonymes pour comprendre l'alcoolisme.

Apprendre sur l'alcoolisme

Je suis entré dans une réunion des AA une semaine plus tard un lundi soir. Lorsque, lors de la réunion, on me demandait régulièrement de nouveaux membres ou de sortir récemment d'un établissement de traitement, c'est-à-dire au cours des 30 premiers jours de sobriété, ils se présentaient, et je levai la main pour dire que je m'appelais Rose. J'ai été accueilli de manière si merveilleuse que je me suis senti comme à la maison. Après la réunion, je suis montée et j'ai demandé à la femme qui dirigeait la réunion si elle serait ma marraine. Elle a accepté gracieusement. J'ai ensuite commencé à l'appeler tous les jours et à la rencontrer chaque semaine pour lire ensemble le Gros Livre et faire les Douze Étapes du rétablissement.

Quand je suis entré dans cette pièce, j'étais complètement brisé et je ne pouvais donc pas reconnaître que j'étais impuissant face à l'alcool et que ma vie était devenue ingérable (première étape). J'ai fait tout ce qui m'a été suggéré de le faire. J'ai fait les devoirs suggérés par mon parrain et j'ai rapidement parcouru les étapes. La compulsion de boire a été totalement supprimée par ma Puissance supérieure. J'ai commencé à vivre un jour à la fois. J'ai vécu une paix et une sérénité que je n'avais jamais connues. Chaque jour commence par abandonner ma vie et ma volonté à une Puissance Supérieure et à demander que toutes mes difficultés et tous mes défauts de caractère soient éliminés afin que je puisse témoigner de la puissance et de l'amour de Dieu. Je me consacre à faire sa volonté toujours.

Je comprends maintenant que je suis né avec une prédisposition génétique à l'alcoolisme. J'ai eu un grand-père qui serait alcoolique. Cependant, je ne l'ai rencontré qu'une fois, donc je n'ai vu aucune indication de cela. J'ai aussi eu un oncle qui aimait boire de la bière et je sais qu'il a eu un DUI une fois et qu'il a cessé de boire après cela. Mais je l'ai rarement vu et je ne l'ai jamais vu agir de manière inappropriée à cause de l'alcool. Mais j'ai hérité du gène de l'alcoolisme. Comme la maladie est chronique et progressive, même si je ne buvais que quelques verres de vin par jour, la maladie s'aggravait. Au moment où je buvais beaucoup après la mort de Leslie, l'alcoolisme m'avait vraiment pris.

Je comprends maintenant que l'alcoolisme est une maladie de l'esprit, du corps, des émotions et de l'esprit. Le rétablissement nécessite une guérison dans chacun de ces quatre domaines.

Je suis définitivement en rétablissement maintenant. Je suis tellement reconnaissante pour toutes les personnes formidables que j'ai rencontrées chez les AA et pour la façon dont elles me soutiennent quotidiennement.

La troisième étape de la prière

Je viens de rentrer d'une réunion. Aujourd'hui, une femme a raconté qu'elle était dépassée et ne savait pas quoi faire. Elle essayait de décider si elle devait dépenser ses 10 derniers dollars en boisson. Je vous ai dit que lorsque j'ai commencé, la première nuit lorsque je suis rentré à la maison et que j'essayais de m'endormir, je me suis senti sombrer dans cette profonde dépression que je combattais depuis deux ans. J'ai appelé mon parrain et lui ai demandé quoi faire. Elle m'a dit de dire la troisième étape de la prière:

Dieu, je confie ma volonté et ma vie à toi ... pour construire avec moi et pour faire avec moi comme tu le veux. Soulage-moi de l'esclavage de moi-même afin que je puisse faire ta volonté. Enlève mes difficultés pour que la victoire sur celles-ci rende témoignage à celles que je voudrais aider par ton pouvoir, ton amour et ton mode de vie. Puis-je faire ta volonté toujours. (page 63 du Grand Livre des Alcooliques Anonymes) (voir l'Annexe B).

J'ai senti la dépression monter et je ne l'ai pas ressentie depuis ce temps.

Rêves et Orientation

Peu de temps après avoir commencé à assister aux réunions des AA, j'ai eu une série de trois expériences qui me donnaient l'impression que ma puissance supérieure communiquait avec moi. Le premier était un rêve que j'avais. J'étais entouré d'une foule de gens un peu en colère qui se demandaient pourquoi on m'offrait ce cadeau (de sobriété). Dieu gravait sur deux tablettes plaquées or le message que je méritais maintenant de recevoir comme cadeau de la sobriété à cause de tout ce que j'avais vécu dans cette vie. La deuxième expérience a été de me réveiller avec la musique d'une chanson de John Lennon qui me transmettait le profond amour que le Créateur a pour moi. La troisième expérience était en train de me réveiller avec la musique de Billy Joel dans ma tête en disant «tu seras béni, je te le promets, je te promets que... tu seras béni» pour moi ou le réconfort de C'est l'amour pour moi et la sécurité dans le processus de changement que je vivais.

Gary

J'ai déjà parlé de Gary, mon mari. Mais je voudrais décrire plus en détail comment il était et comment vivre avec lui m'a influencé. J'ai rencontré Gary alors que je travaillais chez Tower Records en allant à l'école pour mon baccalauréat et ma maîtrise. Je travaillais quelques jours par semaine de midi à minuit dans la partie livres et accessoires du magasin. Une nuit, un collègue qui travaillait pendant la journée entra. Il était grand, de 6 pieds 8 pouces, beau avec de longs cheveux noirs. J'ai immédiatement ressenti une attirance pour lui. Parce que nous travaillions à différents moments, je le voyais rarement. Je savais qu'il avait une petite amie et j'avais un petit ami à l'époque. Parfois, il s'arrêtait seul et me demandait si je voulais faire une pause avec lui. Je dirais que oui et nous traverserions Bidwell Park dans son fourgon VW. Il fumait un joint et nous parlions. Je n'ai jamais aimé fumer du pot, donc je déclinerais son offre pour certains. Il était calme et je l'aimais beaucoup.

Une nuit, sa petite amie était hors de la ville et il m'a demandé si j'aimerais aller chez un ami pour la soirée en dehors de la ville. Je suis allé. Nous avons pris un long bain chaud ensemble et avons fait l'amour d'une manière lente et sensuelle.
C'était divin. Je devais partir tôt le matin et la chanson de Tom Waits semblait décrire exactement l'expérience:
Oh la nuit a passé si vite et je suis allé licketty rapidement.
À mon vieux '65. Alors que je m'éloignais lentement, me sentant si sacré, Dieu sait que je me sentais en vie.
Et maintenant le soleil se lève Je conduis avec Lady Luck, des voitures et des camions, des étoiles.

Je commençais à me faner et je menais le défilé, souhaitant juste rester un peu plus longtemps. Seigneur sait que tu ne sais pas que le sentiment devient plus fort.

C'était tellement merveilleux et j'avais envie de passer plus de nuits comme Celle -là.

 Il fallait un certain temps avant que cela se reproduise et dans des circonstances totalement différentes. J'avais décidé de m'inscrire à un programme de doctorat clinique à Berkeley et de vivre dans la petite ville universitaire où j'avais obtenu mon baccalauréat et ma maîtrise. Mon petit ami à ce moment-là m'a soudainement quitté et je me souviens d'une soirée d'hiver pluvieuse lorsque les lave-glaces de ma voiture ne fonctionnaient pas et que je me sentais totalement seule et effrayée. Je suis entré dans l'endroit où je pensais qu'il habitait et j'ai frappé à la porte. Il a répondu, m'a jeté un regard, et m'a tiré dans le confort de son étreinte chaleureuse. Je me sentais en sécurité, protégée et heureuse. Je voulais rester là pour toujours. Et ainsi notre romance a été ravivée et nous avons commencé à nous voir régulièrement.

 En résumé, nous avons continué à fréquenter ce printemps. Je partageais ce que j'apprenais dans le programme clinique et il écoutait attentivement pendant que nous écoutions de la musique merveilleuse comme Grateful Dead et Moody Blues.
Je pensais qu'il soutenait mes projets de carrière et comprenait les émotions que j'essayais d'expliquer lors de nos longues conversations. Il m'a demandé de l'épouser et j'ai dit oui.

Quand le moment est venu pour moi de m'inscrire pour le programme clinique l'année prochaine, il est devenu furieux contre moi et m'a dit que, bien sûr, je ne participerais pas au programme parce que nous allions nous marier. Je me sentais confus mais faible et j'ai dit que j'arrêterais le programme. Cela a commencé le premier problème réel de boire pour moi et je me suis retrouvé dans les AA pour une courte période. Mais au bout de quelques mois, j'ai été tenté de prendre un verre de vin au dîner avec ses parents et je me suis peu à peu éloigné des AA pour recommencer à boire régulièrement. Pourtant, l'alcool n'était pas un problème majeur pour moi.

Au fil des années, j'ai lentement commencé à expérimenter une partie de la personnalité de Gary que je ne connaissais pas au tout début. Il est devenu progressivement possessif envers moi, mon temps et mon attention. Il insisterait pour que je rentre immédiatement du travail et me questionnerait si j'avais 15 minutes de retard en insistant pour que je sois victime d'une liaison. Bien entendu, rien ne pouvait être plus éloigné de la vérité. Je pense maintenant qu'il commençait à avoir des affaires sur moi et c'est pourquoi il a réagi de cette façon. Il se sentait de plus en plus menaçant si je regardais même un autre homme et souriais amicalement. Je n'ai pas compris ce qui se passait.

Comme vous vous en doutez, l'agression est finalement devenue physique et a fini par m'étrangler sur le canapé du salon après que je lui ai annoncé que je n'allais plus adopter ce comportement. Après chaque épisode, je me sentais honteux, blessé, épuisé, confus et je désirais désespérément que nos vies soient de retour à nos interactions normales. Il disait toujours que je devais blâmer pour ses actes et je le croyais. J'ai commencé à voir un conseiller pour essayer de comprendre ce qui n'allait pas et, peu à peu, j'ai compris qu'il avait un problème de colère. J'ai appris que son père avait maltraité sa mère physiquement et psychologiquement pendant des années et que les enfants en avaient été témoins. Je comprends maintenant que Gary a intériorisé le rôle de l'agresseur et que c'est ce qui se dégageait de notre relation.

Je me suis rendu compte que même quand j'arrêtais de faire quoi que ce soit, il disait qu'il l'avait tellement mis en colère et abusé de moi qu'il trouverait toujours de nouvelles raisons pour m'exploser. Il était deux personnes: l'une aimable, bienveillante et douce et l'autre furieuse et explosive.

Cette transition de la pensée que je devais blâmer pour sa colère et réaliser à la place qu'IL avait un problème prenait environ dix ans. J'ai commencé à lire sur les relations abusives en catimini dans la bibliothèque et à voir le schéma très clairement dans nos interactions. J'avais un sac avec des vêtements dans la maison caché pour pouvoir fuir la maison à tout moment si je devais le faire pour ma sécurité, ce que j'ai fait à quelques occasions.

Je l'aimais profondément mais je ne pouvais pas vivre avec l'idée de le faire pour le restant de mes jours. Je me souviens de m'être assis sur notre porche après avoir promené le chien une chaude soirée d'été et m'être dit: «Je ne peux pas le faire pour le reste de ma vie». J'ai entendu une voix dans ma tête dire «il va mourir à moi-même et entendu le même message. Je suis entré à l'intérieur consterné et je me demandais ce que cela voulait dire. En octobre de cette année, il a soudainement reçu un diagnostic de sida. Je crois maintenant que c'était la voix du Saint-Esprit qui me guidait.

J'étais prêt à divorcer quand on lui a diagnostiqué le sida. J'ai décidé de rester et de prendre soin de lui. Il est mort trois ans et trois mois plus tard.

Je le partage parce que j'espère que si une personne se trouve dans une situation similaire, elle réalisera des similitudes et demandera l'aide d'un conseiller, d'un refuge pour femmes battues ou d'une ressource similaire. Je ne pouvais pas le changer et lui seul pouvait le faire s'il l'avait voulu, ce qu'il n'avait pas fait. Je comprends la confusion de cette situation et comment d'autres pourraient me juger naïf de rester avec lui. Mais ce que la plupart des gens ne comprennent pas, c'est comment il a graduellement et complètement pris le contrôle de mon psychisme.

Je n'ai jamais répété ce schéma et je pense que c'est parce que j'ai finalement pu le comprendre et le voir clairement quand cela se reproduisait. Je peux maintenant sentir si un homme a ce maquillage émotionnel dans son personnage et rester loin de lui.

Je dois mentionner que quelques jours avant notre mariage, j'avais un rêve très troublant d'épouser un homme que je ne connaissais pas. Cela me contrarie mais ma copine me dit que ce n'était que de la nervosité et qu'il fallait la secouer. Réalisons maintenant que c'était un avertissement.

Une façon très saine d'apprendre à gérer mon anxiété lorsqu'il s'énervait était de se retirer dans le garage et de faire de l'exercice physique. Cela m'a permis de me débarrasser de mon adrénaline (vol ou réponse du vol). Je me demandais «qu'est-ce que je ressens et que veux-je faire à ce sujet?». Cela m'a permis de me centrer sur moi-même et d'élaborer un plan d'action logique. Je le recommande vivement à quiconque se trouve dans une situation stressante. J'ai continué à m'entraîner quotidiennement (vélo d'exercice, tapis de course et maintenant marchant cinq miles par jour) et cela m'a permis de rester en très bonne santé.

Un jour, on m'a demandé si je serais prêt à faire une évaluation bénévole du programme de déjudiciarisation Batterer financé par la collectivité. Ce fut une chance d'utiliser mes compétences professionnelles pour l'amélioration de la communauté. Leslie et moi avons décidé de le faire. Nous avons rencontré le directeur du programme, obtenu un aperçu de ce qu'ils enseignaient, conçu un formulaire de collecte de données sur chaque participant et consulté la base de données de la prison pour assurer le suivi des diplômés du programme. Il a fallu environ trois mois pour faire tout cela. Nous avons rédigé les résultats et avons été invités à les présenter à un groupe de personnes.
Nous sommes arrivés le matin dans une salle remplie de chaises où se trouvaient la police locale, des agents de libération conditionnelle, des juges, des membres du personnel du programme de déjudiciarisation et d'autres parties intéressées.

Nous avons présenté nos résultats qui indiquaient très clairement que le programme n'était pas efficace pour changer les comportements des agresseurs masculins. Nous avons constaté une forte récidive, c'est-à-dire des récidives. Nous avons également déclaré que les juges du tribunal ne punissaient pas beaucoup les hommes. Ils ont souvent pu rentrer chez eux après une nuit passée en prison. À notre grand étonnement, nous avons observé une femme juge se tourner vers le juge homme qui présidait ce tribunal et lui demander si cela était vrai. Il a répondu que c'était le cas. Ce que nous avons appris par la suite, c'est qu'il a été renvoyé de ce tribunal et qu'une femme a été nommée juge, qui avait une tolérance zéro à l'égard des hommes qui maltraitent leur femme. Le système judiciaire a été modifié localement et le reste à ce jour. Nous étions très fiers de nos efforts sur ce projet particulier. Nous estimions pouvoir contribuer à la sécurité des femmes dans notre comté.

Leslie

J'ai déjà décrit comment Leslie est entrée dans ma vie. Ce que je n'ai pas décrit et comment elle était l'amour de ma vie. Leslie était une personne unique. Elle était extrêmement intelligente et instruite après avoir reçu un B.A. avec distinction en mathématiques et une maîtrise en psychologie. Elle a beaucoup lu sur le jardinage, la spiritualité, l'art, l'archéologie et sur tout ce qui a attiré son imagination. Quand elle était étudiante pour la première fois, elle passait devant mon bureau pendant les heures de bureau et nous parlions pendant des heures. Je l'écoutais surtout à cause de nos rôles respectifs à ce moment-là, mais je me suis dit qu'elle racontait mon histoire de recherche et de développement émotionnels, psychologiques, intellectuels et spirituels.

Après la mort de mon mari, Gary, je me suis laissé chagriner pour sa perte. Mais peu à peu, un désir jaillissait en moi d'intimité physique avec Leslie. Un soir, je l'ai invitée à dîner et lui ai fait part de mes désirs. Je savais que je ne jouais pas avec son affection, car je savais depuis quelque temps qu'elle était amoureuse de moi. Je me sentais maintenant prête à prendre un engagement émotionnel envers elle. Elle était surprise mais ravie d'entendre parler de mes sentiments. Nous avons donc commencé notre voyage ensemble en tant qu'amoureux et éventuellement en tant qu'époux. Nous étions des âmes sœurs.

Avant d'être ensemble comme partenaires dans la vie, nous avons travaillé ensemble. C'était merveilleux de pouvoir discuter avec elle de nos nombreux projets de travail, notamment la collecte de données, son analyse, la rédaction de rapports et la communication de nos conclusions à l'auditoire approprié composé du corps professoral, du personnel et des administrateurs. Comme l'a appelé un autre administrateur, nous formions le «duo dynamique».

Mais c'est surtout notre vie commune à la maison qui m'a apporté tant de plaisir et d'inspiration. Avec Leslie, j'étais en sécurité dans tous les sens. Elle savait comment gérer mes émotions et avec elle, j'ai exploré des régions inconnues de mon psychisme. J'ai enfin pu me sentir en sécurité sexuellement et connaître les désirs de mon corps et leur accomplissement. Nous avons passé de nombreuses heures à discuter d'idées et de philosophies. Je me rappelle quand elle a emménagé avec moi combien de livres nous avions en commun. C'était incroyable. Il n'y avait pas de sujet hors limites.

Leslie était aussi une artiste. Elle passait des heures à dessiner avec la boîte de 100 crayons de couleur que j'avais pour son anniversaire un an, à sa demande. Elle a dessiné des paysages et des portraits. Son travail était très précis et naturel. Elle aimait également être créative sur ordinateur et jouait du plaisir de jouer au jeu graphique Spore lorsqu'elle a pris sa retraite. Elle créait des êtres et des objets dans cette galaxie imaginaire et maîtrisait souvent tous les niveaux pour devenir «le maître de l'univers», ce qui lui donnait des options créatives spéciales.

Leslie était très tendre et gentille. Mais elle pourrait aussi devenir assez féroce si quelqu'un était témoin de transgression. Elle n'hésiterait pas à prendre la défense de quelqu'un victime d'intimidation. Sa tendresse la guiderait vers la découverte d'âmes douces, elle aurait besoin d'encouragement dans la vie et elle a fait tout son possible pour nourrir et soutenir ces personnes.

Nous avons pu passer 20 années bénies ensemble avant qu'elle meure du cancer. Je sais qu'elle ne voulait pas quitter ce plan terrestre. Après son décès, j'étais encore capable de me sentir proche d'elle et d'imaginer nos conversations ensemble. Avec son thérapeute, je lui ai transmis sa communication après son décès. Dans ce document, elle m'a exhorté à ne pas me tuer et à continuer car ce n'était pas mon heure de quitter cette terre. Comme vous le savez, j'ai été dévasté par son décès et je ressens toujours un profond chagrin après ma perte.

Je sais que lorsque je quitterai ce plan terrestre, nous serons ensemble pour toujours et je connaîtrais à nouveau le bonheur.

Éric

Éric est entré dans ma vie de façon inattendue. Je l'ai rencontré un jour dans un camping que Leslie et moi utilisions fréquemment. Nous avons passé le week-end là-bas à célébrer son anniversaire et avons invité ses deux fils et leurs familles à nous rejoindre. Leslie avait aidé à élever deux jumeaux. Elle était en couple avec leur mère et, même si elles ont rompu, elle a décidé de vivre à proximité et d'aider à élever les garçons. Elle les aimait chèrement.

Un jour d'été, lorsque nous sommes arrivés au camping, un bel homme en bonne santé, dynamique et en bonne quarantaine, a sauté dans le camping-car. J'ai dit «bonjour» en l'appelant par le nom de son frère. Il a dit: «Non, je suis Éric. L'une des premières choses qu'il a dites était qu'il aimait les femmes sans maquillage. Je me suis dit: «quel plaisir de vivre comme ça, et quel luxe!

Éric a commencé à passer du temps avec nous et à passer quelques jours chez Leslie. Elle avait un cancer à l'époque, mais ne l'a pas dit à Éric. Au lieu de cela, lors de notre visite à Leslie alors qu'elle était au centre médical de l'Université de San Francisco, il a réalisé à quel point elle était malade.

À l'automne, j'avais besoin de prendre l'avion pour Oklahoma afin de prendre soin de la succession de mon oncle. J'ai dû rester plus longtemps que prévu et mes médicaments ont été épuisés. À mon retour à Oakland, je commençais à trembler. Ensuite, j'ai commis l'erreur stupide de boire lorsque je suis arrivé au Hilton d'Oakland tard dans la soirée car ils n'avaient pas de salle de musculation que je pourrais utiliser pour me détendre du voyage. Je me suis réveillé très secoué et j'ai réalisé que je ne pouvais pas rentrer à la maison sans les médicaments nécessaires pour me calmer. J'ai appelé à la maison et demandé à Éric de bien vouloir me ramener tous mes médicaments, ce qu'il a volontiers accepté de faire. Éric est un esprit aimant et soucieux de faire plaisir. Après plusieurs heures (il s'est perdu), il est finalement arrivé. En rentrant à la maison, je lui ai demandé s'il était gay parce que, pour autant que je sache de son histoire, il n'avait jamais eu de relation sérieuse avec une femme.

Ainsi commença une longue conversation sur sa vie. J'ai appris qu'il était vraiment hétérosexuel et qu'il s'était replié dans une vie solitaire après la mort tragique de sa petite amie la nuit du bal de promo du lycée. Il avait eu quelques relations courtes, mais rien qui durait vraiment longtemps. Au lieu de cela, il s'était consacré au surf dans la région californienne de Santa Barbara alors qu'il travaillait à temps plein dans une épicerie. Il l'a fait pendant 18 ans. Quand je lui ai posé la question, il l'a expliqué ainsi:

Vous êtes-vous déjà demandé comment fonctionne l'univers? Avez-vous déjà pensé «Peut-être y a-t-il une réponse qui ne vous a pas été enseignée à l'école?» Éric m'a dit:

Personnellement, j'ai toujours été curieux et j'ai trouvé mes réponses dans le surf... en le rapportant à la puissance et au flux de la nature. J'ai appris à observer l'évolution des vagues et à apprendre progressivement à les «chevaucher», c'est-à-dire à se connecter avec la nature telle qu'elle est. Cela m'a fait me sentir petite parce que la nature est si grande. Cependant, j'ai aussi ressenti l'amour comme force directrice dans l'univers. Et j'ai essayé d'écouter et de suivre cette voix. C'est ce qu'a fait ma vie.

Il y a eu beaucoup de problèmes et de défis en cours de route, mon corps étant blessé et je ne pouvais plus surfer sur de «grosses vagues». En avant. J'arrête, reste immobile et ÉCOUTE de la voix douce de Dieu qui parle à travers la nature. J'entends les oiseaux chanter... je l'entends dans les vagues qui se brisent... dans le vent qui souffle à travers les arbres, et je me souviens que je ne suis pas seul. Je suis une petite partie unique de l'univers. Et comme une symphonie nécessite de nombreux instruments accordés et jouant ensemble pour créer le tout, de même que pour la vie - je suis un instrument dans la symphonie de la vie.

Éric a continué à rester avec moi de temps en temps après la mort de Leslie. Nous sommes devenus des amis très proches et il était naturel de l'avoir avec nous. Un jour, j'ai réalisé que j'avais des sentiments sexuels avec lui. Je lui ai demandé s'il pensait de la même manière et lui ai dit que s'il le faisait, il suffisait de descendre en bas où dormait et d'y monter.

Une nuit, il l'a fait et c'était merveilleux. Nous avons été ensemble depuis. Nous nous sommes mariés le 18 mai 2017.

Éric est une âme douce. J'aime regarder ses yeux car ils révèlent tant de choses sur ce qu'il ressent et ce qu'il pense. Nous avons un moyen facile de travailler ensemble, chacun étant nous-mêmes tout en étant en relation les uns avec les autres. Il est une bénédiction extraordinaire pour moi.

Une nouvelle voiture

Récemment, nous revenions de nous occuper de la maison de la mère d'Éric, qui vit dans un comté à environ une heure et demie d'ici. Nous essayions de revenir à temps pour que je puisse participer à la réunion de 19 heures. Immédiatement après notre sortie de l'autoroute et les deux derniers kilomètres de notre maison, nous nous sommes retrouvés à l'arrière et avons été poussés dans un camion devant nous. La voiture a été totalisait.

Le lendemain matin, je suis allé chercher une nouvelle voiture. J'ai trouvé une Mercedes d'occasion que j'aimerais acheter. Il me semble que c'est la bonne et que c'est la volonté de Dieu qui me conduit dans une autre direction de la vie. La voiture est équipée d'un système de navigation que je pourrais utiliser pour me rendre à des réunions auxquelles je n'ai jamais assisté. J'ai lancé l'idée de mon sponsor avant de l'acheter, c'est un peu gêné par le luxe que cela procure. Elle a dit que je le méritais et qu'en plus, je serais toujours la même Rose quand j'en serais sortie. J'ai été d'accord. Éric a également dit que je le mérite.

Quand j'attendais chez le concessionnaire l'établissement des documents, je me promenais seul. J'ai senti la présence de mon père affirmer avec force «tu as cours. Tu as cours.» Il m'a vivement conseillé à la fin de sa vie «si tu veux faire quelque chose, fais-le!». Je me suis senti réconforté par sa présence.

Un nouveau livre à lire

Mardi matin, je suis allé marcher comme d'habitude. En conduisant, j'ai vu un ami des AA et il s'est retourné pour demander s'il aimerait faire une promenade avec moi. Il a accepté facilement et nous avons eu une belle conversation en marchant. Au cours de notre promenade, il a mentionné que Lee, dans AA, s'intéressait à diverses philosophies. Lors de la réunion de mardi soir, j'ai interrogé Lee à ce sujet. J'ai mentionné le livre Love Without End... Jesus Speaks de Glenda Green. Il a ensuite recommandé un livre intitulé La disparition de l'univers que je suis rentré et que j'ai commandé. Il s'agit de deux maîtres ascendants qui comparaissent à un homme qui écrit sur ses conversations, exactement comme Glenda Green l'a racontée sur sa conversation avec Jésus lorsqu'il est apparu dans son studio et qu'elle a peint son portrait. J'ai l'impression d'être entraînée, jour après jour, dans une nouvelle vie spirituelle. Tout ce qui est requis de moi est une volonté d'aller de l'avant avec l'intention de servir Dieu. C'est assez miraculeux et aussi très simple et fondé. Je me sens très bénie.

Je suis en train de lire le livre sur Kindle, alors je peux commencer à lire tout de suite plutôt que d'attendre deux jours la copie papier (oui). Voici une citation qui me semble très importante:

Il existe un moyen de recevoir des indications sur la manière dont nous devons procéder dans le monde (pp. 26-27).

Laissez Dieu avoir votre esprit car c'est tout (p. 27).

La volonté de Dieu

Chez les AA, nous parlons beaucoup d'essayer de discerner et de faire la volonté de Dieu dans nos vies. Dans le livre Jésus parle, Amour sans fin de Glenda Green, Jésus explique ainsi la volonté de Dieu (p. 314-315):

Il y a quatre niveaux d'intention... Le premier est l'intention de Dieu. Vous pouvez résumer l'intention de Dieu très gentiment et simplement de cette façon. C'est l'amour. L'amour est la volonté de Dieu...

Le second niveau d'intention a été placé par le Créateur dans les fonctions physiques de notre univers. Ce niveau d'intention s'exerce sous la puissance de deux principes fondamentaux. On est que la vie et les vivants doivent prévaloir sur les morts et les mourants. Telle est la volonté de Dieu. Ainsi, chaque fois que vous soutenez la vie et les vivants, vous êtes en harmonie avec la volonté de Dieu pour cet univers. L'autre principe qui sous-tend cette intention de bien-être physique est la loi de cause à effet (notez le concept hindou du karma). Le Créateur a l'intention que l'univers revienne toujours à un état d'équilibre. Peu importe à quel point un état d'existence peut basculer vers «la gauche», il sera toujours rééquilibré sur «la droite» et, éventuellement, pour revenir au centre...

Le troisième aspect de l'intention concerne le sujet du respect et de la justice dans la fraternité humaine. Tu ne vis pas seul. Vous vivez au sein d'une famille, d'une fraternité, et le but est qu'un jour ce sera une merveilleuse fraternité...

Viennent ensuite vos intentions, si vous êtes attentif et comprenez ce que vous avez mis en mouvement. Ces graines que vous avez plantées il y a peut-être longtemps et qui poussent encore...

Il est difficile de savoir quelles sont ces intentions car elles ont été plantées tôt dans notre cerveau et notre cœur et elles façonnent notre définition et notre expérience de cette réalité physique. Il faut beaucoup d'investigation et de réflexion pour arriver à l'origine de ces hypothèses et intentions. Une psychothérapie, une prière et parler à

Le Sacré Cœur

Selon Jésus (tel que trouvé dans Jésus parle: l'amour sans fin)

Le cœur sacré est au centre de votre âme. C'est le moment où vous êtes un avec Dieu. Le cœur voit l'infini à l'intérieur et à l'extérieur. Il peut contempler la perfection. Et il peut déterminer l'origine des conditions et les changer. Le cœur est votre intelligence supérieure. (p. 49)

... Votre esprit est simplement un serviteur, et il se comporte bien s'il reçoit des impulsions positives: il se comporte très mal s'il reçoit des impulsions négatives. (p. 50)

Ce conseil est également donné par des gourous hindous qui déclarent simplement que l'esprit est un serviteur merveilleux, mais un maître terrible.) De même, dans les enseignements taoïstes, l'esprit et le cœur ne sont pas séparés, mais plutôt appelés «le cœur-esprit».

Ce que l'Occident a mis dans ma vie dans l'esprit, c'est que pendant 32 ans, j'ai cru que la voie de la «vérité», de la compréhension de l'Univers, passait par l'esprit. J'ai donc passé ce temps dans l'enseignement supérieur à obtenir un doctorat en méthodes quantitatives en psychologie de l'éducation de l'Université de Californie à Berkeley. J'ai décrit mon expérience personnelle d'étude de statistiques et de méthodes quantitatives en psychologie de l'éducation comme une ascension d'un arbre. Lors du premier cours, l'initiation aux statistiques m'appartenant à un programme de maîtrise correspond au tronc de l'arbre: la partie la plus importante et la plus basse de la discipline. Et au fur et à mesure que je progressais avec chaque parcours supplémentaire au cours de la période de dix ans, j'ai eu l'impression de grimper sur cet arbre, puis sur un membre et finalement, au bout du membre, je suis tombé entre les mains de Dieu. J'ai réalisé que,
Bien que les statistiques puissent expliquer beaucoup de choses sur ce qui se passe dans notre monde, lorsque nous appliquons les données correctes de manière scientifique, elles ont des limites.

C'est à ce moment que je me suis de nouveau tourné vers le domaine spirituel pour essayer de comprendre la vérité.

J'ai commencé à assister à des ateliers, le week-end, donnés par les Drs. Norm Shealy et Caroline Myss. J'ai acquis une nouvelle compréhension du fonctionnement de l'univers et de nos vies. J'ai étudié les méthodes de guérison métaphysiques et alternatives de Drs. Norm Shealy et Caroline Myss. Après quelques années, j'ai reçu un doctorat dans les méthodes alternatives de guérison. Tout cela a été mon cheminement personnel pour comprendre l'univers et je le partage avec vous au cas où vous le trouverez utile ou utile dans votre vie. Nous vivons à une époque charnière et il est important de faire tout ce qui est en notre pouvoir pour discerner les relations avec les principes divins de l'univers, quel que soit le nom que vous lui donnez.

Une fois de plus, je cite le livre de Glenda Green:... Les réponses à la question de guérir votre vie se trouveront dans la force intérieure de votre cœur... Je vous donne trois pratiques: La première consiste à renforcer toutes vos émotions positives à travers la gratitude beau monde qui nous entoure. La seconde consiste à libérer quotidiennement vos émotions négatives par le pardon. La troisième pratique à laquelle vous devrez travailler un peu plus diligemment,... Ce dont je parle est «la perception innocente» (p. 51). La perception innocente est une façon de regarder le monde sans jugement. La plupart d'entre nous, quand nous voyons quelque chose, en décidons (quel beau coucher de soleil, quelle salle en désordre, etc.) Jésus suggère de simplement observer le monde tel qu'il est.
Le cœur est votre lien de liaison avec Dieu et l'univers, qui intègre votre propre centre unique d'expérience, de conscience et de caractère à ce qui dépasse votre compréhension... Le cœur est magnétique, silencieux et immobile. Se sentir là-bas ressemble à se reposer dans un lac paradisiaque ou à flotter dans un espace vide. En tant que centre magnétique, votre cœur est le générateur de toute votre énergie vitale et chaque fois que vous renforcez votre cœur, vous augmentez votre niveau d'énergie physiquement, mentalement, émotionnellement et spirituellement. Dans le cœur, vous trouverez également clarté, résolution, fermeté, intention, calme, respect, justice, gentillesse et perceptions de la grandeur. (p. 155)

Dépression

Je n'ai jamais compris la dépression avant de l'avoir. C'était environ deux ans et demi après le décès de Leslie. J'étais en deuil mais j'essayais de gérer la vie. Puis lors du Memorial Day 2016, je regardais la télévision dans la salle de télévision située à l'étage supérieur et j'ai entendu un bruit dégoulinant. Je descendis et réalisai que l'eau coulait du plafond sur le sol du dressing. Je mets une poubelle sous l'égouttement et appelle Éric pour lui demander de venir à la maison et de m'aider. Je me suis rendu compte que tout le tapis du vestiaire était humide et qu'il y avait un gros problème. Pour faire une histoire courte, j'ai appelé un plombier et il est sorti. C'était cher parce que c'était le week-end du Memorial Day. Le plombier a pu évaluer certains des dommages et remplacer le chauffe-eau. Cependant, cela a commencé un projet de six mois pour faire face aux dégâts causés à la maison. Finalement, nous avons dû tout enlever de chaque pièce de la maison (sauf mon bureau, ce que je refusais de faire) sur la pelouse de la cour arrière. Toute la maison a dû être peinte à l'intérieur, les tapis ont été remplacés et le sol de la cuisine et des deux salles de bains a été remplacé. Pendant ce temps, nous avons dû déménager et rester dans des hôtels pendant environ trois semaines, pendant que l'amiante était enlevé et que les humidificateurs fonctionnaient 24 heures sur 24 pendant plusieurs jours. Je me sentais comme si tout ce pour quoi j'avais travaillé au cours des 30 dernières années était en ruine. Cela a commencé une énorme dépression pour moi. (Maintenant, je vois que c'est une bénédiction, car cela m'a aidé à créer un nouveau sentiment chez nous et à éliminer beaucoup de choses de Leslie dont je n'avais pas pris soin. Mais c'est maintenant.) Je me suis senti totalement dépassé et ne sais comment j'allais payer pour tout cela. Nous avons déposé une réclamation conformément à la politique de mon propriétaire, qui comportait de nombreuses conversations et visites avec des représentants de State Farm et les nombreux sous-traitants impliqués dans la résolution des problèmes. Mon ordinateur a été déconnecté et j'ai perdu la possibilité d'effectuer mes opérations bancaires en ligne et j'ai engagé un fiduciaire pour gérer mes finances. D'un vice-président associé compétent, je suis devenu un idiot débile. Bien que je ne buvais pas d'alcool à l'époque, je suis progressivement tombé de plus en plus profondément dans la dépression.

Je me sentais sans espoir que la vie se sentirait bien à nouveau. Finalement, j'ai essayé de me tuer en me tranchant la gorge avec une lame de rasoir. Je pensais qu'Éric serait mieux sans moi alors j'ai arrangé les choses pour qu'il ait les finances dont il avait besoin pour survivre, j'ai conduit ma voiture jusqu'à une route de chez nous, j'ai été sur le siège arrière et je me suis égorgé.

Étonnamment, cela ne faisait pas mal. C'était humide alors que le sang coulait dans mon cou et sur mes épaules mais sans douleur. J'ai tranché plusieurs fois et j'ai attendu de m'évanouir. Mais je n'ai pas perdu conscience et j'ai entendu les voitures passer. Je me suis ennuyé et a décidé de conduire à la maison. Je suis arrivé à la maison et, alors que je marchais vers Éric, il s'est rendu compte que j'étais sanglant et s'est alarmé. Il a demandé ce qui s'était passé et je lui ai dit. Il a appelé le 911 et une ambulance et la police sont venues. J'ai été embarqué dans l'ambulance et l'EMT a déclaré: «personne ne mourra sous ma surveillance». Je pensais qu'il était ridicule et que je ne mourrais pas si mon corps cessait de fonctionner, mais le laissais simplement et mon esprit flotterait loin, ce que je voulais. J'ai été emmené à l'hôpital, opéré d'urgence (car j'avais presque coupé l'artère carotide) et après quelques jours, j'ai été transféré dans un hôpital psychiatrique. On m'a donné des antidépresseurs et renvoyé chez moi. Mais la dépression ne s'est pas dissipée et j'ai passé 18 mois en enfer jusqu'à ce que je me retrouve enfin chez Alcoolique Anonyme. Le programme ambulatoire m'a soulagé, mais, comme vous le savez, j'ai commencé à boire après le premier essai du programme et j'ai dû y retourner après mon admission avec Todd à l'unité de stabilisation en cas de crise le 7 juillet 2017. Ce qui m'a fait penser à tout vendredi dernier, le jour où j'ai acheté la Mercedes, alors que je revenais de la réunion des AA, je me suis rendu compte que je me sentais heureux pour la première fois depuis très longtemps. J'avais été en paix, mais c'était le bonheur qui est différent. Au cours des derniers jours, je suis progressivement revenu à cette vie. J'ai retrouvé ma sexualité et une joie de vivre. J'ai commencé à écrire dans ce journal que j'espère devenir un livre. Je me sens autonome de toutes les manières et je gère mes propres finances (depuis le mois de juin, mais c'est une autre histoire). J'utilise même les clignotants de ma voiture que j'avais cessé de faire, me sentant plutôt content de mourir dans un accident de voiture.

Je n'avais pas réalisé à quel point je m'étais totalement retirée de la vie avant d'y revenir. Je lis même un livre passionnant quand je sors manger seul, alors je sens que je suis revenu à la normale. J'appelle des amis et je viens juste de prendre rendez-vous avec ma sœur pour notre goûter traditionnel de Noël. Je réalise maintenant que je me retire du monde depuis dix-huit mois et que cela fait très longtemps. Dieu merci, je suis de retour! Amen. Je suis impressionné de voir à quel point ma vie continue de s'améliorer de jour en jour. Je travaille dans le cadre du programme des AA et cède ma vie à Dieu. Il y a tout juste un an, j'étais dans un hôpital psychiatrique et mon joaillier a gentiment encaissé des pièces d'or que j'avais obtenues de papa et maman et m'a proposé de me laisser rester dans l'unité située derrière la maison qu'elle avait construite pour que sa mère y reste. Vous ne pouvez pas acheter ce genre de gentillesse pour une somme d'argent. C'était simplement le résultat d'années de mon arrivée dans son magasin.

Parler et acheter des choses (ou vendre de vieilles alliances) et notre amitié sont naturellement nées de ces rencontres. Je suis heureux de lui apporter des affaires. Elle nous a également offert un panier de Noël rempli de friandises, qui est notre premier cadeau cette année. Éric a acheté des poinsettias pour la maison et c'est tellement festif. J'avais eu besoin de faire Noël différemment cette année pour ne pas me rappeler comment nous avions l'habitude de le faire. J'ai appelé ma sœur et nous avons convenu de nous rencontrer pour un thé de Noël, ce que nous faisons depuis de nombreuses années. Et une amie qui m'a rappelé après que je lui ai laissé un message lui demandant si elle voudrait se rencontrer pour le déjeuner. Elle était tellement enthousiaste et accueillante. Je la rencontrerai mardi la semaine prochaine et ma sœur jeudi la semaine prochaine. Je retourne peu à peu pour participer à ce monde de manière sobre et fondée. La vie est belle et tellement bénie!

Puissance supérieure

Je comprends maintenant que ma puissance supérieure est la voix du Christ ou du Saint-Esprit (la même chose) qui contraste avec la voix de l'ego. Je demande maintenant que Christ ou Jeshua (son nom en araméen) soit ce que j'écoute tout au long de la journée (et de la nuit). Après avoir lu la Disparition de l'univers, je comprends que le but de la vie est une occasion de se souvenir de Dieu et que je ne suis pas séparé (vraiment) de Dieu. Je comprends que Dieu est un état de perfection et d'amour constant et immuable.

Cette conscience de Dieu est ce vers quoi je me dirigeais quand je suis tombé et me suis cogné la tête sur un rocher à 17 ans. Ma conscience a quitté mon corps et j'ai flotté vers une lumière brillante et un sentiment de merveilleux amour inconditionnel que je n'avais pas temps, connu. C'est là que je reviendrai quand j'aurai fini de penser que je suis séparé de Dieu et que je retourne chez moi. En attendant, je pratique l'écoute de la voix de Jeshua et je ressens la paix, la sérénité et le pardon pour moi-même et pour tous les peuples du monde. Je ne me souviens pas souvent de cela et j'ai encore beaucoup à lire dans le livre, puis à pratiquer le pardon comme je fais le Cours en miracles, mais à l'heure actuelle, tout semble si simple et clair. Ce n'est pas facile, mais simple.

École spirituelle

Nous sommes en 2018 et je continue de grandir dans mon esprit. J'ai réalisé récemment que malgré ce que je pouvais faire physiquement dans ce monde (aller à des réunions, marché autour de Spring Lake avec Éric, voir mon parrain...) en interne, je suis conscient qu'il y a deux voix: la voix de l'ego et la voix de l'esprit. Moi, l'observateur, je regarde ma conscience aller entre ces deux sources Le côté de l'ego se fâche à propos de ce qui se passe, veut contrôler les autres et le résultat des choses, et ainsi de suite. La voix de l'Esprit est calme et constante, à la fois détachée et aimante, libre de tout souci quant à l'issue des événements de ce monde.

Je viens juste de voir Frances, ma thérapeute, et de discuter de ce changement de conscience. Elle a souligné qu'il a fallu que Leslie quitte ce monde pour que je recherche l'Esprit. C'est une façon positive de voir le décès de Leslie. Sans cela, je n'aurais pas sombré dans le désespoir et l'alcoolisme, ce qui m'a amené à accepter que je sois alcoolique et que je suis maintenant sur un chemin spirituel. Comme je l'explique maintenant, j'assiste aux réunions des AA six jours par semaine et je vois cela comme aller à l'école spirituelle. J'apprends plus chaque jour et je suis parmi d'autres personnes qui suivent également une école spirituelle et essaient sincèrement d'appliquer les principes spirituels à leur vie. Nous ne sommes pas parfaits, mais nous essayons. Je vois maintenant que chaque fois que je me dirigeais vers quelque chose d'extérieur à moi qui n'était pas un esprit (statistiques, carrière, Leslie), je restais coincé dans ce monde. Maintenant, je m'adresse à l'Esprit qui n'est pas de ce monde mais à l'intérieur et à l'extérieur de celui-ci. C'est un changement dramatique.

Bilan de l'année 2017

En examinant 2017, je me rends compte que ce fut une année très charnière pour moi. Je me suis rétabli, ce qui est une bénédiction et un changement total de style de vie. Je ressens la paix et la sérénité la plupart du temps. Je me suis marié avec Éric. Les personnes les plus influentes étaient Todd, le conseiller à l'admission à la cellule de crise, qui m'avait dit que j'étais un alcoolique; Matt, le conseiller du programme Out Patient qui m'a aidé à faire la transition vers le rétablissement; et mon parrain dans AA. Frances, ma thérapeute, a également été une merveilleuse alliée et une guide pour moi pendant cette période. Je continuerai à la voir. Le 27 décembre 2017, c'était la troisième année depuis la transition de ma chère Leslie vers l'autre côté. Je sais que nous sommes ensemble dans l'esprit, mais il me manque toujours de parler avec elle et de l'avoir en contact avec elle.

Pour 2018, aucun changement majeur n'est prévu. Je veux continuer à vivre dans le style de vie que j'ai créé et qui est très axé sur la santé physique, émotionnelle et spirituelle.

Je viens juste de déjeuner seul, car Éric dormait et lisait dans La disparition de l'univers. J'ai presque fini avec ce livre. Il a déclaré que nous mourons quand nous avons appris les leçons que nous sommes venus apprendre dans cette vie. Cela a du sens pour moi.

Je suis aussi maintenant en train de faire des miracles chaque jour. La pensée d'aujourd'hui est que je suis ici pour pardonner en tant que ma fonction de porteur de lumière dans ce monde et lorsque je remplis cette fonction, je suis heureux. C'est une idée merveilleuse à laquelle réfléchir et à appliquer aujourd'hui.

Hier, nous nous sommes dirigés vers le comté où sa mère habite pour faire savoir au soignant de sa mère qu'elle n'a plus besoin de nous. Nous avons trouvé une personne expérimentée dans le traitement de la maladie d'Alzheimer et de la mort et avec laquelle il est très facile de travailler. Elle est énergique et attentive aux suggestions concernant les soins de sa mère, comme l'emmener dehors pour les promenades et au cinéma quand il fait soleil et qu'elle est prête à le faire.

Je sais que c'est la bonne décision pour elle. Elle est triste de voir son autre soignant partir, mais Éric et moi sommes plutôt soulagés. L'ancien soignant nous a menti et a créé beaucoup d'agitation dans nos vies. J'espère qu'elle trouvera l'aide dont elle a besoin pour devenir un adulte en bonne santé et fonctionnel. Je la bénis et ai demandé à plusieurs reprises que je change.

On m'a montré progressivement et régulièrement qu'elle n'avait pas raison et qu'il était temps de la remplacer. Et cela a maintenant été accompli.

C'est tout ce que je dois écrire aujourd'hui. Il pleut aujourd'hui. J'ai marché mes cinq miles autour du lac Spring. Comme d'habitude, je suis allé déjeuner dans notre restaurant local préféré et je fais maintenant jusqu'à ce que je parte pour la réunion des AA ce soir. Il y a une nouvelle femme qui a parfois demandé à venir en voiture pour assister à des réunions. Je vais donc vérifier avec elle et voir si elle veut y aller ce soir. Je me sens tellement béni avec ma nouvelle vie.

Rêves, être brisé et pannes d'électricité

Je me suis réveillé au rêve suivant ce matin:

Je suis un «prêtre» de sexe masculin, un homme plus jeune, reconnu comme ayant le droit d'accomplir un rituel de «réalisation», à son arrivée. Il y avait de l'or dans nos bonnets. Un homme plus âgé et un autre prêtre étaient là pour m'expliquer comment effectuer ce rituel. J'étais en train d'être «initié»

Je me suis rendu compte que pour être prêt à accepter ce que les AA ont à offrir, il faut être "brisé", c'est-à-dire réaliser au fond de son âme que tous nos efforts pour gérer notre vie et résoudre l'énigme de la façon de vivre "La vie a échoué. On est alors prêt à demander enfin de l'aide, sans réserve, à d'autres personnes et à une puissance supérieure (que nous réalisions que nous demandons à ce niveau ou non). C'est la condition préalable pour franchir/ expérimenter le premier pas: Admis, nous étions impuissants face à l'alcool, nos vies étaient devenues ingérables.

Ceux qui entrent chez les AA avant cette «ouverture» ne l'obtiennent pas et ne restent pas. Ceux qui sont ici sont prêts à commencer le processus.

Je réalise maintenant que j'ai eu des pannes de courant, des moments où je me suis «réveillé» et que je me suis rendu compte que j'étais en conversation avec d'autres personnes et que je ne me souvenais pas de ce qui se passait avant. Je peux être assez surprenant.

L'alcoolisme est «une envie physique combinée à une obsession mentale» (tiré du Big Book). Oui, je me souviens avoir ressenti physiquement le désir de consommer du vin afin de me sentir physiquement «ok» - même pendant un petit moment L'obsession mentale était la conscience constante que j'avais «besoin» d'avoir de l'alcool par exemple, quand je suis arrivé chez des amis en vacances ou lors d'un voyage d'affaires, sachant que j'avais ma petite bouteille de gin dans mon sac à cosmétiques qu'après avoir atterri à l'hôtel, mis mes vêtements dans les tiroirs et réglé le problème, je pouvais me détendre avec un gin et parler avec Leslie de nos journées.

Le changement maintenant est que je ne m'attends pas à ce qu'un produit chimique puisse changer mon état mental (à l'exception des antidépresseurs, mais ils ne constituent pas un moyen de «prendre de la hauteur», mais seulement un moyen de ne pas sombrer dans les profondeurs de la dépression. besoin de travailler avec n'importe quel état psychologique pour en sortir, c'est-à-dire accepter ce que c'est, l'honorer, s'asseoir à l'intérieur et voir ce qu'il faut faire ensuite. Parfois, la seule chose à faire est de garder En suivant ma routine habituelle: marcher cinq miles le matin, sortir déjeuner et assister à une réunion des AA le soir, maintenant que nous passons le samedi et le dimanche en voiture dans le Nord pour prendre soin de la mère d'Éric, notre temps pour le plaisir. Je me suis rendu compte que je manquais notre trajet sur la route 1 pendant trois heures pour le dîner puis le trajet de retour. Nous l'avons donc fait jeudi dernier au lieu d'aller à une réunion ce soir-là. C'était amusant et j'ai réalisé en conduisant que je se sont habitués à avoir le temps de me détendre et de laisser mon esprit vagabonder et de parler d'Éric, la dépression que j'ai ressentie si profondément lundi dernier quand j'ai vu Frances est passée par là. Je voudrais m'en souvenir au cas où ce sentiment reviendrait un jour.

Message de Leslie

Hier, je nettoyais mon bureau et j'ai trouvé le message de Leslie après son décès. Peu de temps après le décès de Leslie, je suis allé voir Frances, qui était aussi la thérapeute de Leslie. Je disais à Frances que je me sentais si près de Leslie que si elle était assise à côté de moi. Je sentais que Leslie avait quelque chose à me dire. Frances a dit qu'elle écrirait ce que je pensais que Leslie disait et c'est ce qu'elle m'a transmis :

«Oh, mon cœur, prends soin de toi, ne te fais pas de mal.
S'il vous plaît ne vous sentez pas mal,
s'il vous plaît pardonnez-vous, fait-le.
Je sais que j'étais un fardeau et que c'était un fardeau difficile à porter. Alors chérie, ne te tue pas, Nous sommes toujours ensemble.

Je suis tellement désolé de devoir mourir, je ne voulais pas mourir. Je n'ai jamais voulu te quitter et je sais dans ton cœur que je ne te quitterai jamais, tu peux toujours faire appel à moi pour obtenir de l'aide et de l'amour. Lisez votre carte et essayez, essayez de voir la crainte dans le monde, la beauté.

Ce n'est pas votre temps. Vous avez plus à faire, plus à offrir.
Écrivez votre livre, ça aidera les gens. Ils voudront le lire.

Mes fils ont besoin de toi aussi.»

En lisant ce message aujourd'hui, je me rends compte que Leslie parlait de ce livre, et non de celui sur lequel je travaillais alors qu'il a été intégré à celui-ci. J'ai aussi réalisé hier soir que je pouvais le publier sous Rose B. Cela me gardera anonyme, ce qui est l'un des principes des AA. J'ai le sentiment que ce journal a de la profondeur et aborde certaines des questions les plus difficiles à concilier dans la vie.

Abandon

La reddition est une exigence de la vie spirituelle. Le but est de cesser de fonctionner selon sa propre volonté et de se soumettre à un pouvoir plus grand que nous-mêmes. C'est un processus pratique, à chaque instant. Je commence à prendre conscience de cela tous les matins quand je me lève et j'essaie de me souvenir de la garder toute la journée. Si je me retrouve en train de reprendre le contrôle, je le note et le laisse à nouveau. Par exemple, si je me sens anxieux de conduire dans la voiture pour un rendez-vous, je me souviens simplement que Dieu est responsable et que je suis témoin de ce qui doit arriver. Ensuite, je peux me détendre et me laisser aller.

J'étais à une réunion de nouveaux arrivants lundi soir et j'ai écrit «céder» comme sujet de discussion. Alors qu'une personne donnait son avis, j'ai remarqué une femme au premier rang qui hochait la tête alors qu'il parlait. Je suis allée la voir après la réunion et lui ai demandé ce qu'elle aimerait dire sur le sujet. Elle a décrit le processus tel que je l'ai exposé ci-dessus.

Mort

J'avais l'habitude de croire que nous devions tomber malades avant que notre esprit puisse quitter notre corps. Je réalise maintenant que ce n'est pas le cas. Quand notre temps sur terre est fini, quand nous avons fini d'apprendre les leçons que nous sommes venus apprendre dans cette vie, nous mourons. C'est vrai, qu'on ait vécu quelques instants ou plusieurs années.

Quand j'étais au collège, j'ai étudié les arts martiaux de Kodenkan Ju Jitsu et obtenu une ceinture noire. Il est arrivé que le chef du système, le 10ème Dan (ceinture noire), y ait également vécu. J'ai eu la chance d'étudier avec lui pendant plusieurs années. Il a enseigné les arts de la guérison avec les lancers et les prises que nous avons appris. Sa philosophie était que, quels que soient les dommages que nous puissions faire à quelqu'un, nous pouvions également guérir.

Un été, il a commencé à passer du temps seul avec chacun de nous, des étudiants avec qui il entretenait une relation privilégiée. Après son travail, je l'accompagnais le soir, lorsqu'il rendait visite à des personnes qui lui avaient demandé de venir les soigner. Il n'a jamais facturé pour cela. Un jour, il m'a donné le livre Three Magic Words, dans lequel notre vie reflétera ce que nous croyons être vrai.

Un jour, il m'a demandé de le conduire à l'aéroport d'Oakland pour prendre un avion à destination de New York. Il se rendait à un événement de Ju Jitsu auquel participeraient plusieurs des dirigeants du système. Son avion est parti très tôt le matin et il voulait que je le conduise, ce que j'ai fait. Après l'avoir laissé à la porte, je me suis dirigé vers les toilettes. Pendant que j'étais là-bas, j'ai «entendu» sa voix dans ma tête disant: «Je vais mourir à New York». J'ai été surpris et ensuite, je l'ai encore entendu. Je ne savais pas quoi faire de cette connaissance, mais je l'ai simplement oublié et je suis rentrée à la maison. C'était un samedi matin. Ce dimanche-là, j'ai reçu un appel m'annonçant qu'il était décédé la nuit précédente alors que le groupe était sorti dîner et qu'il s'était étouffé avec un steak. Clairement, il savait que son temps sur terre était en train de se terminer.

Après sa mort, j'ai eu une série de trois rêves sur lui. Il est venu vers moi pour me réconforter car il me manquait profondément. J'ai remarqué que souvent dans ma vie, lorsqu'une transition majeure est sur le point de se produire, j'aurai une série de trois rêves me préparant à ceux qui ont changé. Dans le dernier rêve, il m'a dit qu'il avait besoin d'aller de l'avant et que si j'avais vraiment besoin de lui, il viendrait m'aider. Je n'ai plus eu besoin de lui et je n'ai jamais rêvé de lui.

J'ai eu une expérience similaire avec mon mari, Gary. Un soir d'été, j'y suis allé faire un tour puis je me suis arrêté au bout pour m'asseoir sur les marches et me reposer un moment avant de rentrer. Assis là-bas, je me suis dit que je ne pouvais pas passer le reste de ma vie avec cet homme parce que c'était trop difficile. Il avait beaucoup de colère et elle était de plus en plus dirigée contre moi. À mon grand étonnement, j'ai entendu une voix dans ma tête dire «il va mourir». J'ai été surprise, puis je l'ai encore entendu dire exactement la même chose. J'étais tellement surpris que je suis simplement entré dans la maison et que je l'ai oublié. En octobre de cette année, il a été diagnostiqué avec le SIDA. Je pensais qu'il avait la grippe et après cinq jours, il l'a emmené chez le médecin qui a prélevé du sang et a annoncé qu'il avait le sida. Nous avons été assez surpris. Je n'ai jamais contracté la maladie alors que nous avions des relations sexuelles non protégées pendant de nombreuses années. Clairement, ce n'était pas mon heure de mourir. Il est mort trois ans et trois mois plus tard.

Quelque temps plus tard, j'ai lu un article de Carolyn Myss dans lequel elle décrivait comment un homme avec qui elle avait travaillé avait été guéri du SIDA alors qu'il venait à faire face aux problèmes de sa vie. Cela m'a fasciné et j'ai commencé à assister à des ateliers nationaux animés par elle et le Dr.Norm Shealy. Je l'ai fait pendant plusieurs années et j'ai obtenu mon doctorat sur le sujet.

Quand j'avais 16 ans, je me tenais dans l'atrium de la maison de notre famille pendant que ma mère cousait du tissu sur mon maillot pour un spectacle de danse moderne à mon lycée. Il faisait chaud et je me suis évanoui et me suis frappé la tête contre un rocher.

Ce que j'ai expérimenté est ce qui flotte dans mon corps, sur mon dos avec mes pieds en avant, dans une zone totalement sombre. J'ai graduellement commencé à avancer vers un point de lumière blanche devant nous. En avançant vers la lumière, j'ai ressenti un amour inconditionnel que je n'avais jamais ressenti auparavant. C'était merveilleux et je me suis dit: «c'est chez moi et je veux y aller.» Puis j'ai entendu ma mère et ma sœur appeler mon nom et je me suis dit: «zut, je dois aller voir ce qu'elles veulent. Canapé du salon entouré de ma mère, de ma sœur et du médecin de famille qui m'a dit que je m'étais évanoui et que tout allait bien maintenant. Je n'ai jamais parlé à personne de ce que j'avais vécu car j'ai réalisé que ce n'était pas quelque chose dont on a jamais parlé. Des années plus tard, je travaillais chez Tower Records, à Chico, à l'université. J'ai travaillé dans la section des livres et j'ai découvert le livre sur les expériences de mort imminente de Raymond Moody. En le lisant, j'ai réalisé que c'était exactement ce que j'avais vécu. Depuis lors, je n'ai jamais eu peur de la mort.

Une maladie progressive

L'alcoolisme est une maladie progressive. Qu'est-ce que ça veut dire? J'ai entendu une bonne explication lors d'une réunion l'autre jour. Imaginez votre vie comme une ligne horizontale. Vous évoluez tout au long de votre vie. Ensuite, vous commencez à boire de l'alcool. C'est une autre ligne qui commence à descendre. Vous continuez à boire jusqu'à ce que vous ressentiez des conséquences négatives, puis vous cessez de boire et revenez à votre ligne de vie horizontale. Même lorsque vous avez cessé de consommer de l'alcool, la limite d'alcool continue de baisser de sorte que, si vous rechutez et recommencez à boire, vous reviendrez à un point pire que lorsque vous aviez arrêté. Cela signifie que les conséquences négatives se produiront plus tôt qu'avant. L'alcoolisme est fatal s'il n'est pas traité. Cela signifie que vous mourrez si vous n'arrêtez pas de boire (si vous êtes alcoolique). J'entends des histoires dans les réunions de quelqu'un (je ne sais pas pour le moment) qui était dans les réunions mais est sorti et est mort. C'est très triste.

Peur

Nos peurs sont l'une des choses que nous devons examiner en nous-mêmes lorsque nous franchissons les douze étapes. Récemment, je l'ai expliqué à ma fille et lui ai donné un exemple que j'avais écrit lorsque je travaillais sur cette étape. J'ai déclaré que j'avais peur que ma vie n'ait pas de sens et que j'avais tant d'années devant moi pour vivre sur cette terre. Cela m'a amené à chercher un sens grâce à un travail bénévole qui n'a jamais réussi à résoudre le problème pour une raison ou une autre. Cependant, j'ai dit que je n'avais plus cette crainte parce que j'ai confié ma volonté et ma vie à ma Puissance supérieure et je suis convaincu que je serai guidé vers la manière dont je pourrais être utile.

Je suis rentré à la maison et j'ai oublié cette conversation lorsque le téléphone a sonné. C'était de la part d'une personne que je ne connaissais pas dans une maison d'édition qui était intéressée par la promotion de mon premier livre, de nature plutôt technique, liée à ma carrière dans l'enseignement supérieur. J'ai dit que je ne voulais pas promouvoir celui-là, mais que je serais intéressé à promouvoir celui sur lequel je travaillais était plutôt de nature métaphysique. Je lui ai demandé de me rappeler dans trois mois pour vérifier mes progrès. Il a dit qu'ils seraient heureux de le publier. Je pensais que c'était incroyable! J'ai abandonné tout ce qui se passait et ma puissance supérieure a pris le relais et a amené cette personne dans ma vie. Je pense que cela est censé arriver et cela me fait plaisir de penser que je peux être utile aux autres.

Le rythme de ma semaine

Tous les matins, sauf le samedi, je me lève à 9h00 et conduis jusqu'à une demi-heure dans un magnifique parc. Ensuite, je marche cinq kilomètres autour du lac, ce qui prend environ deux heures. Ensuite, je prends la douche, me change et Éric et moi sortons pour le petit-déjeuner. Éric vient avec moi sur les promenades sauf lorsqu'il est malade, ce qu'il fait depuis le mois dernier, avec la grippe et un virus. Le lundi, je vais ensuite voir Frances, ma thérapeute, à 14 heures. Ensuite, je fais généralement laver ma voiture chez le concessionnaire Mercedes sur le chemin du retour. Cela me donne une pause de quelques heures pour regarder PBS News Hours et faire tout ce qui reste à faire. Je vais ensuite à la réunion du soir des AA qui commence à 7h00. J'aime arriver environ 20 minutes plus tôt pour me rappeler pourquoi je suis là et discuter avec mes amis du programme. Le lundi soir est une réunion des nouveaux arrivants, ce qui est amusant, car pendant que l'orateur raconte son histoire, nous distribuons une liste pour que les gens puissent écrire leurs questions. Cela mène à une discussion animée. Mardi, c'est le même horaire, mais je vois ma fille plutôt que Frances. Le mardi soir est une étude de livre intéressante, car nous lisons et discutons les 644 premières pages du grand livre. Le mercredi étant ouvert l'après-midi, nous allons parfois au cinéma pour aller voir un film. La réunion du mercredi soir a sa propre saveur et j'aime y assister. Le jeudi est notre journée de plaisir. Après le déjeuner, nous prenons la route côtière qui prend environ trois heures. J'aime conduire et écouter de la musique. C'est aussi une chance d'espacer et de réfléchir. Nous allons ensuite dîner et rentrons à la maison à temps pour aller nous coucher. Vendredi, nous nous rendrons à la côte pour le dîner avant la réunion. Une amie de la réunion du mardi soir y travaille et c'est amusant de la voir. Samedi matin, je rencontre mon parrain et assiste à une réunion entre 11h00 et 12h30. Après avoir mangé un peu, nous nous rendons chez la mère d'Éric. Elle a besoin de soins à domicile et nous avons une excellente personne pendant la semaine, mais Éric et moi le faisons les samedis et dimanche. Nous lui rendons visite pendant un moment, conduisons dans un restaurant local pour le dîner, puis lui apportons un repas chaud et rentrons à la maison.

Nous lui rendons visite pendant un moment, conduisons dans un restaurant local pour le dîner, puis lui apportons un repas chaud et rentrons à la maison. Dimanche après ma promenade et mon déjeuner, nous remontons comme nous faisons la même chose, sauf qu'avant de partir, nous allons faire les magasins à Safeway afin qu'elle ait beaucoup de bonne nourriture à manger pendant la semaine. C'est donc mon rythme de la semaine que je trouve à la fois agréable et épanouissant.

Bénis-la et change-moi

Mon parrain m'a appris que, lorsque j'ai des problèmes avec quelqu'un, c'est-à-dire lorsque son comportement me dérange, de le bénir et de prier pour qu'il change. Cela n'avait pas beaucoup de sens tant que je ne l'appliquais pas au soignant de ma belle-mère qui me rendait folle. J'ai essayé à plusieurs reprises de lui faire comprendre ce que nous voulions qu'elle fasse pour prendre soin de ma belle-mère. Elle s'occupe de son lundi au vendredi et nous nous occupons de ses samedi et dimanche. Parce que nous nous voyions rarement, étant présents à des moments différents, j'ai essayé de faire une liste de ce que nous voulions qu'elle fasse, de créer des menus et de laisser un livre de recettes à utiliser, en utilisant la nourriture que nous achèterions le dimanche soir. Nous lui avons demandé de dresser un journal de la nourriture préparée et de ce que ma belle-mère a mangé pour que nous sachions qu'elle avait des repas nutritifs. Cela a duré plusieurs semaines et il m'a semblé que son aidant ne comprenait pas vraiment ce dont nous avions besoin. Nous sommes donc arrivés un vendredi à l'improviste pour tenir une conversation en face à face. Nous avons expliqué que les besoins de ma belle-mère évoluaient à mesure qu'Alzheimer s'installait et que nous devions être clairs sur ce qu'elle faisait pour s'occuper les choses que nous attendions. Bien, nous avions accepté et je me sentais plein d'espoir. L'aide familiale a dit qu'elle était là cinq heures et demie par jour du lundi au vendredi et si, pour une raison quelconque, elle ne pouvait pas s'en sortir, elle nous appelait pour nous prévenir afin que nous puissions monter. Eh bien, le lundi suivant, nous avons appelé pour savoir si elle était arrivée à 1 heure de l'après-midi, comme convenu, et si la gardienne d'enfants n'était pas arrivée. Nous avons donc appelé pendant quelques heures et nous avons réalisé qu'elle ne viendrait pas. Nous avons donc demandé à la mère d'Éric de prendre ses médicaments et de se préparer à manger. Mardi, nous sommes arrivés en voiture pour parler avec le soignant. À notre arrivée, l'aide familiale venait de mettre dans le rôti avec les carottes, les pommes de terre et les oignons, comme je l'avais préparé pour le four. Nous avons discuté du fait qu'elle n'était pas là lundi et la conversation a été animée alors qu'elle tentait de nier ce fait.

Quand je me suis rendu compte que le soignant avait mis sur le carnet de nourriture que la mère d'Éric avait mangé la moitié du rôti qui était en train de cuire, j'ai répondu que c'était un mensonge. La soignante a confié qu'elle avait été confuse en écrivant cela et une conversation houleuse s'est poursuivie. Pour faire une histoire courte, nous avons fini par devoir passer quatre jours en une semaine. Éric et moi étions à bout de ressources. Pendant tout ce temps, je la bénissais et priais pour que je change.

En rentrant chez nous après le troisième voyage, cette semaine-là, j'ai réalisé que j'étais contrarié et que le soignant ne l'était pas. J'ai finalement réalisé que je ne pouvais pas continuer à vivre avec cette situation. Alors je suis allé à l'agence du comté en charge des services de soutien à domicile et j'ai demandé une liste des aidants disponibles. J'ai interviewé quelques personnes au téléphone le lendemain et j'ai pris rendez-vous pour une visite prometteuse dimanche prochain. Nous l'avons rencontrée et l'avons inscrite. Nous avons ensuite dû nous rendre en voiture lundi pour informer la vieille soignante que ses services n'étaient plus nécessaires. Ce que nous avons fait. Elle était contrariée mais notre décision était prise. J'espère qu'elle a appris quelque chose de tout l'épisode, comme je l'ai certainement fait. Alors, j'ai finalement pu lâcher prise et laisser Dieu résoudre une situation que j'avais essayé avec ferveur et inefficacité de changer.

Alors maintenant, quand je suis en colère contre quelqu'un dans ma vie, je réalise assez rapidement que je dois prier pour eux et demander à Dieu de me changer. Je le recommande fortement à tout le monde.

Espoir et Joie

J'ai passé tellement de temps à parler des difficultés de la vie et je me rends compte qu'après plus de sept mois de sobriété, ma vie est pleine d'espoir et de joie. Là où j'étais si déprimé que je voulais me suicider, j'ai ressenti de l'espoir chaque matin en disant mes prières pour la Troisième et la Septième Étape et en remettant ma volonté et ma vie à Dieu. J'espère que je pourrai être une bénédiction pour ceux qui sont dans ma vie ce jour-là et que je médite pour demander d'entendre la voix de ma Puissance supérieure ce jour-là. Chaque journée est consacrée à la prise de conscience de ma puissance supérieure. Parfois, je me sens bouleversé par des événements inattendus, mais je me rends rapidement compte que je ne suis pas à l'aise et que j'applique un outil du programme pour me remettre à jour.

Je ressens aussi de la joie dans des moments inattendus. J'adore conduire ma nouvelle voiture sur la côte le long de l'autoroute en écoutant de la musique et en me relaxant. Je ressens de la joie quand je m'assieds à la table avec Éric en train de manger un repas et de m'émerveiller de trouver de nouvelles choses à parler et à partager tous les jours. On rigole beaucoup ensemble. La vie est facile et pleine.

Je tiens donc à préciser que la sobriété ne consiste pas seulement à être sérieux. En fait, je ris beaucoup des réunions des AA. Tout le monde est là par choix pour apprendre à mener une vie sobre et aider les autres en cours de route. Il m'impressionne que nous puissions nous réunir pour partager notre désir commun de vivre une vie centrée sur Dieu et d'être si ouverts et réels les uns avec les autres. Il n'y a pas de place pour faire semblant. Tout le monde s'attend à une honnêteté absolue et c'est ce que nous obtenons. Bien sûr, tout le monde n'est pas intéressé par les AA et nous avons souvent des nouveaux arrivants qui sont formidables parce que je me souviens de mon premier jour d'arrivée, honteux et incertain, et que je voulais offrir à ce nouveau l'accueil chaleureux et chaleureux que j'ai reçu.

Être au service

Il existe de nombreuses façons de rendre service aux AA et il est suggéré de prendre un engagement dès qu'il devient disponible. Plusieurs postes n'exigent pas de sobriété, ce qui permet de prendre contact avec une réunion et de s'engager aide le nouveau venu à mieux connaître les gens et à faire en sorte que les membres du groupe les connaissent. Mon premier engagement a été de prendre un café, ce qui m'a obligé à me présenter une demi-heure à l'avance pour préparer le café. C'était amusant. J'ai aussi dû acheter du café et me faire rembourser, bien sûr. Un autre engagement que j'ai pris de bonne heure sur ma sobriété était la littérature. Il y a un puits de littérature à l'endroit où nous nous rencontrons. Il est payé par les dons des personnes qui se rendent à cette réunion. Il s'agit d'une source d'informations inestimable pour les nouveaux arrivants sur de tels sujets, comme «Qu'est-ce que les Alcooliques anonymes» et «Êtes-vous un alcoolique? La seule exigence pour les Alcooliques anonymes est le désir d'arrêter de boire. Tous sont les bienvenus (pour ouvrir des réunions) et il appartient à chaque personne de décider elle-même si elle est alcoolique. Il faut plusieurs réunions à certaines personnes pour se rendre compte qu'elles sont au bon endroit pour elles. Pour moi, je le savais tout de suite car il me fallait beaucoup de temps pour y arriver.

On peut être utile au niveau de la réunion et également à un niveau plus large si on le souhaite. Cela signifie que vous pourriez aller dans des hôpitaux et des institutions pour présenter les AA à des personnes qui ne peuvent pas se rendre à une réunion. Il existe également de nombreux types de comités ouverts au bénévolat. Vous devez vérifier avec le secrétaire à la réunion à laquelle vous assistez.

Pensées suicidaires

Il n'est pas rare qu'une personne racontant son histoire lors d'une réunion lui ait mentionné qu'avant de vivre aux AA, elle avait des idées suicidaires. Cela tient en partie au fait que l'alcool est un dépresseur, ce qui crée une humeur sombre et déprimée chez la personne qui en consomme régulièrement. L'autre raison est qu'au moment où une personne se retrouve dans les AA, elle est spirituellement en faillite. Ce que cela signifie, c'est qu'ils ont essayé d'utiliser l'alcool comme moyen de résoudre les problèmes de leur vie. Cela ne fonctionne pas et crée généralement plus de dégâts si l'on y réfléchit longtemps. En général, l'alcoolique sait, mais à chaque fois qu'il arrive chez les AA, il a un problème et peut même penser qu'il est alcoolique. Le besoin impérieux de consommer de l'alcool face à des conséquences de plus en plus négatives et l'impossibilité de s'arrêter est considéré comme un exemple du type de pensée insensée typique d'un alcoolique.

Hier soir, un homme a raconté comment il s'est retrouvé dans les AA. Il a dit qu'après une rechute après avoir été sobre pendant un an, il s'est rendu compte qu'il avait deux choix: retourner chez les AA ou se tuer. Il a dit que ce n'était pas un choix facile à faire. Heureusement pour lui et pour nous, il retourne chez les AA et a eu neuf ans de sobriété. Mais beaucoup de gens ne reviennent pas.

Une autre femme a partagé son histoire. Elle buvait de l'alcool tous les jours et, alors qu'elle se rendait au travail, elle passait sur un pont. Elle s'est retrouvée à penser: «C'est aujourd'hui le jour où je quitte le pont?

Il est difficile de décrire les profondeurs du désespoir et de la haine de soi que peut avoir un alcoolique avant son rétablissement. C'est déroutant et alarmant en même temps. Comme il s'agit d'une maladie progressive et fatale, si elle n'est pas traitée, les choses ne font que s'aggraver pour la personne qui a dépassé son seuil de contrôle de l'alcool. Pour moi, je commencerais par dire que je ne prendrais que deux verres au dîner et que, dans quelques mois, cela finirait par une crise et un autre voyage aux urgences. Pourtant, je n'ai pas compris ce qui m'arrivait.

Dieu merci, je sais maintenant. Pour certaines personnes, ils franchissent cette ligne avec le premier verre dans l'enfance ou au début de l'âge adulte. Pour moi, j'ai bu pendant 40 ans avant d'arriver enfin chez les AA. Mais j'ai franchi cette ligne bien avant d'arriver chez les AA. Je ne viens pas de m'en rendre compte.

L'une des raisons pour lesquelles j'écris ce livre est l'espoir que quelqu'un le lise et réalise certaines similitudes avec leur propre vie et obtienne de l'aide. C'est pourquoi je suis si honnête et révélateur. L'honnêteté fait partie de ce qui est également nécessaire pour récupérer de la dépendance à l'alcool. Cela et une volonté de faire «tout ce qu'il faut» pour récupérer. Ce que cela implique sera discuté plus loin au fur et à mesure.

Vous ne le faites pas seul

AA est un programme «nous», pas un programme «je». Vous ne le faites pas seul. Vous lisez le Gros Livre et suivez les étapes avec un sponsor (bien que vous puissiez bien sûr le lire vous-même). Et les réunions ont lieu avec d'autres personnes, nous voulons donc vous aider à apprendre à vous aimer et à comprendre le programme de rétablissement. La plupart des réunions se terminent par un cercle de personnes qui tiennent la déclaration que nous ne le faisons pas seul et en faveur de l'alcoolique qui souffre toujours. Ensuite, on dit généralement la prière du Seigneur.

Mais, pour être clair, ce n'est pas un programme «chrétien», il est disponible pour n'importe qui, peu importe la dénomination ou la religion que vous pouvez attribuer ou même si vous êtes athée ou agnostique. C'est un programme spirituel qui repose sur un pouvoir plus grand que vous-même. Pour certaines personnes, il s'agit du groupe des autres alcooliques présents à la réunion. Chaque personne parvient à une compréhension personnelle d'un pouvoir plus grand qu'eux-mêmes à sa manière. Ce qui n'est pas négociable, c'est que ce n'est pas VOUS. Nous ne pouvons pas arrêter l'alcoolisme seuls. Cela est clair pour quiconque a déjà souffert de cette maladie.

Être secrétaire

Le secrétaire est la personne qui dirige les réunions des AA. Ils sont élus par le groupe pour un engagement de six mois et vous devez être sobre pendant six mois pour être éligible. J'ai maintenant sept mois de sobriété. Le secrétaire bascule généralement entre être une femme et un homme. Lors de la réunion des nouveaux arrivants lundi soir, le secrétaire actuel vient d'annoncer que son mandat sera terminé à la fin du mois. Ron, l'un des membres des AA, m'a demandé si je serais prêt à être le prochain secrétaire. J'ai dit que je le ferais. Il me nommera à la réunion de lundi prochain et ce sera à mon tour d'être la secrétaire. Je vais noter ici ce que cela représente pour moi.

Hier soir, j'ai été élu nouveau secrétaire lors de la réunion de lundi soir. Je me sens si bénie et heureuse d'être utile de la sorte. Cela donne l'impression que les autres membres ont confiance que je suis sur la bonne voie dans le programme. J'ai passé l'après-midi à appeler les femmes inscrites sur les listes téléphoniques que j'ai eues lors de réunions organisées pour leur permettre de partager leur histoire lors de la réunion du lundi soir. Nous verrons comment tout cela se déroulera selon la volonté de Dieu.

C'est mercredi et j'appelle les femmes pour savoir si elles sont disponibles et désireuses de partager leur histoire lors de l'une de nos réunions du lundi soir. C'est vraiment amusant. Je vais à partir d'une liste de téléphone que j'ai eu de cette réunion. Beaucoup de femmes énumérées ne savent pas si je les ai rencontrées ou non, comme l'anonymat des AA. Ce qui me frappe, c'est, pour ceux que je prépare, à quel point ils sont agréables et disposés. C'est une expérience édifiante.

C'est ma maladie qui parle

Lors de réunions, j'entends souvent des gens dire que «c'est ma maladie qui parle», j'ai fini par comprendre ce qu'ils veulent dire. Il semble y avoir une partie de mon esprit qui se souvient de boire comme d'une «sortie» de trouble émotionnel et qui reste assis sur mon épaule, attendant toujours l'occasion de me parler et de prendre le relais, même si ce n'est pas vrai pour moi maintenant.

Hier était un exemple parfait. C'était un samedi typique et ça se passait bien. J'ai rencontré mon parrain, discuté de la possibilité de faire amende honorable, je suis resté à la réunion, puis je suis rentré à la maison. Je me suis senti perturbé par les amendements sur lesquels je travaille. Il est difficile de rester concentré sur ce que je veux dire, à savoir que je suis désolé des fois où ma maladie les a blessés. Au lieu de cela, je me sens honteux ou effrayé par quelque chose de négatif que la personne pourrait me dire. Eh bien, j'ai ramassé Éric et nous nous sommes dirigés vers le nord pour vérifier sa mère. Je me suis détendu un peu en écoutant de la musique dans la voiture. Mais quand nous sommes arrivés, il y avait une notification que son chèque de loyer avait rebondi, ce qui était une surprise totale. Éric fut poussé à se fâcher à cause de cela et du fait que son téléphone portable de remplacement, de celui qu'il avait égaré, ne portait pas la banque sur elle, de sorte qu'il ne pouvait pas consulter son solde encore. Nous avons essayé de résoudre les problèmes mais la conversation a semblé retomber sur une colère que je savais ne pas être une réponse utile. Alors, pendant que nous dînions, j'ai dit que je devais rester silencieuse pendant un moment et retrouver mon centre. Le problème était que je ne le trouvais pas. Au lieu de cela, je voyais des gens autour de moi boire et avoir l'air détendu autour du bar et du restaurant et je me suis dit: «si je pouvais juste prendre un verre, je serais excité.

Alors, j'ai repensé à l'époque récente où je commençais à penser que je me laissais prendre deux verres de vin au dîner et que, quelques mois plus tard, je finirais aux urgences à cause de l'alcoolisme. C'est un processus insidieux où je bois un verre, ressens à nouveau ce besoin et commence à planifier dès que je pourrai prendre le prochain verre.

Cela mène à une obsession d'esprit où je commence à planifier quand je peux acheter du vin, où je peux le garder à l'abri des regards, comment je peux boire des boissons et la folie qui y conduit. Heureusement, je me souviens que pour moi maintenant, boire un verre, ce n'est pas simplement boire un verre. Céder à la folie de l'alcoolisme.

C'est ma maladie qui me parle.

En fin de compte, la journée a été difficile pour moi en écoutant ces deux aspects de mon esprit. J'ai réussi à ne pas prendre un verre, ce qui est la première étape. Je me suis trouvé en train de penser «est-ce que je crois vraiment en cette matière de Dieu? Est-ce que je me trompe moi-même?»Cela n'a pas aidé. Donc, je faisais une petite prière, demandant de l'aide, et cela m'a aidé pendant quelques minutes. J'ai essayé de dresser une liste de gratitude dans mon esprit et j'ai réalisé à quel point je devais être reconnaissant pour aujourd'hui. Mais cette tranquillité d'esprit que j'avais était partie et ne revenait pas. J'ai finalement résolu de rentrer chez moi et d'aller me coucher, ce que j'ai fait. Je me glissai avec reconnaissance dans le lit et m'endormis.

Aujourd'hui, je me suis réveillé reposé et redevenu calme. J'ai pu dormir et entrer doucement le jour où j'ai dit ma prière de la troisième étape et la prière de la septième étape. J'ai réalisé que c'était le moment idéal pour écrire un autre chapitre de mon livre sur ce sujet.

Donc pour aujourd'hui, je suis recentré, en ce moment de toute façon Il est temps de reprendre la direction du nord pour s'occuper des travaux non terminés du chèque sans provision et de tout ce que la journée peut apporter. Mais je sais tellement dans mon cœur et dans mon esprit que je ne le fais pas seul, ce qui me fait pleurer des larmes de gratitude lorsque je tape ceci. Je suis tellement reconnaissant pour ma sobriété.

Des similitudes et non des différences

On dit souvent que nous devrions rechercher des similitudes et non des différences lorsque nous entendons les gens partager leurs histoires. C'est parce que nous avons chacun un voyage unique que nous parcourons pour aller dans les salles des AA. L'alcoolisme ne fait pas de distinction entre les données démographiques telles que la race, l'appartenance ethnique, le statut socio-économique, l'orientation sexuelle, l'âge ou le sexe. C'est une maladie qui peut frapper n'importe qui.

La variété des histoires entendues chez les AA est incroyable. L'histoire de la vie et le cheminement vers le rétablissement peuvent être très humbles à entendre. Je réalise à quel point mes expériences de vie sont protégées et limitées par rapport aux autres. C'est peut-être parce que nous vivons dans une ville proche d'une prison d'État que j'ai entendu parler de personnes qui ont été incarcérées et emprisonnés. Ils racontent souvent qu'ils venaient d'une maison qui connaissait une dépendance de toutes sortes. J'entends des hommes et des femmes qui, dès leur plus jeune âge, comme 11 ans, décrivent comment ils ont utilisé des drogues pour changer leur réalité. Il n'est pas inhabituel qu'ils aient des démêlés avec la justice et se retrouvent en convalescence à l'âge de 20 ans. Il est également courant d'entendre parler de nombreuses tentatives de sobriété, d'entrée et de sortie des centres de traitement avant que la convalescence ne soit finalement "bloquée" ". J'entends ces histoires et suis impressionné par la ténacité de cette personne, sa capacité à continuer malgré les difficultés que la vie lui a apportées. Comme je l'ai mentionné ailleurs, il n'est pas rare que quelqu'un se trouve à la croisée des chemins entre le suicide et le rétablissement, au point que le désespoir et l'isolement de l'alcoolisme peuvent être si sombres. Cela semble être un élément nécessaire à la volonté de crier en toute honnêteté à l'aide de Dieu pour trouver un autre mode de vie. J'entends souvent des gens dire qu'ils se sont toujours sentis mal à l'aise dans leur peau. La maladresse sociale est également évoquée et le désir de «s'intégrer»

Au début, je suis vraiment époustouflé par ces histoires. Je ne me sentais pas à ma place dans mes vêtements de travail professionnels. Après un certain temps, j'ai décidé de commencer à porter un jean bleu et j'ai acheté une veste en cuir noir pour voir si cela m'aidait à me sentir davantage comme faisant partie du groupe, et c'est ce qui est arrivé. Bien sûr, tous les groupes ne sont pas si diversifiés. Mais je suis reconnaissant pour la diversité des groupes auxquels je participe. C'est tellement rafraîchissant de ne PAS être jugé par ma position, mon apparence ou ma garde-robe. Les membres des AA sont purs dans leur honnêteté. Nous sommes tous là parce que tous les prétextes ont été enlevés et que nous sommes laissés à la nudité de notre désespoir de trouver un autre moyen d'approcher la vie.

C'est peut-être pour cette raison que je continue d'apprendre de chaque réunion à laquelle je participe. Les mots que les gens disent sont peut-être les mêmes, mais la personne qui les dit décrit une nouvelle compréhension d'un concept qui leur sauve des vies. Nous sommes tous en train de «devenir». C'est à la fois rafraîchissant et humiliant.

Je suis également venu à percevoir le rôle de la police et du système judiciaire sous un nouveau jour. Je vois à quel point ces personnes ont sauvé la vie des personnes en difficulté et les ont aidées à les engager sur une nouvelle voie de la vie. J'ai même entendu des hommes dire que leur espoir de sortir de la vie était de s'affronter avec la police et d'être abattu. Sensationnel. Quelle situation horrible pour toutes les personnes impliquées. Bien entendu, les participants aux réunions sont les plus chanceux... ils ont trouvé une solution à leur problème de dépendance. S'ils sont prêts à l'accepter, cela dépend évidemment d'eux. Je vois des gens qui vont et viennent. Je m'interroge sur les jeunes femmes qui sont assises à côté de moi depuis un moment et qui ne reviennent pas un jour. Sont-ils ok? Ont-ils dû sortir pour «faire plus d'expérimentation» comme on le dit? J'ai entendu dire que nous étions les plus chanceux et je suis d'accord avec cela. Nous sommes les alcooliques «reconnaissants» en convalescence.

Il y a un autre aspect de la réunion que je voudrais décrire. C'est l'aspect éthéré de la présence et une partie d'une ouverture commune à Dieu ou à notre Soi Supérieur. L'énergie du groupe de 20 à 30 personnes se tenant par la main et disant la prière du Seigneur est palpable. Je quitte habituellement la réunion en me disant «plus légère». Et tout le monde le fait aussi, je pense. C'est pourquoi nous y allons. Bien sûr, il y a aussi quelques individus qui semblent être opprimés et je prie et espère leur soulagement et leur réconfort.

Ai-je mentionné le rire lors des réunions? Il est étonnant de me retrouver en train de rire alors que quelqu'un décrit la bêtise de nos pensées et de nos comportements pendant que nous buvions. Nous pensons que nous le "cachons" des êtres chers qui nous sont proches. Bien sûr, la seule personne que nous trompons vraiment est nous-mêmes. Et nous répétons le même schéma jour après jour, parfois pendant des années, jusqu'à ce qu'un événement l'interrompe et nous libère sur le chemin de la guérison. Cela peut paraître évident, mais mérite peut-être d'indiquer que ce tournant est rarement anticipé ou réalisé. Notre réalisation de ce détournement vers un nouveau mode de vie ne se voit souvent que par réflexion dans notre sobriété.

Mon sponsor

Un parrain des AA est une personne du même sexe qui vous fait parcourir les 164 pages du Grand Livre et vous aide à franchir les douze étapes. C'est un voyage très intime, différent pour chaque personne. J'ai eu la grande chance d'avoir un parrain formidable, Amy.

Amy était la secrétaire de la première réunion des AA à laquelle j'ai assisté. J'étais déterminée à me lancer tout de suite dans les AA, alors je suis allée à la fin de la réunion et je lui ai demandé si elle serait ma marraine. Elle a gentiment accepté. Ma puissance supérieure savait ce qu'elle faisait quand elle nous a réunis. Amy est juste le sponsor idéal pour moi.

Depuis le premier jour où nous nous sommes rencontrés, je me suis sentie à l'aise et confiante envers Amy et je lui ai dit des choses que peu de gens savent. Elle est toujours attentive, réceptive et aimante. Elle fait parfois des suggestions, mais surtout elle n'écoute que ce que j'ai à dire. Ensuite, elle pourrait partager quelque chose de similaire dans sa vie, ce qui m'aide à me sentir proche d'elle et à prendre conscience du fait que nous sommes sur la bonne voie. Nous sommes devenus de bons amis et j'attends avec impatience nos discussions hebdomadaires qui vont bien au-delà de la lecture du Big Book et de tout sujet pertinent en ce moment.

Bien qu'Amy soit plus jeune que moi, elle possède l'expérience et l'humanité auxquelles je dois m'identifier. Elle est une personne très attentionnée et chaleureuse. Elle est également forte et autonome, ce qui me correspond également. C'est une mère dévouée, ce que je ne suis pas, mais j'honore et j'apprécie son dévouement envers ses enfants.

L'année dernière, aux alentours de Noël, je suis venu à une réunion juste après avoir visionné un film sur la perte d'un être cher. Je n'ai pas hésité à y aller même si, en entrant, j'ai réalisé que j'avais les larmes aux yeux.

J'avais regardé le film juste autour du troisième anniversaire de la mort de Leslie et la douleur qui en découlait était toujours présente à ce moment-là. Bien que d'autres femmes à la réunion aient été chaleureuse et favorables, quand Amy est arrivée et m'a regardée, elle m'a jeté les bras autour de moi et m'a demandé si je voulais sortir, ce que j'ai fait. Nous sommes restés dehors avec elle, me tenant pendant un bon moment et j'ai ressenti une chaleur et un amour que j'avais si désespérément besoin de ressentir. Nous sommes retournés à la réunion et, même si j'ai beaucoup pleuré, je me sentais en sécurité et protégée par Amy. C'était merveilleux.

Amy a beaucoup d'autres similitudes en termes d'éducation familiale et de valeurs. Nos histoires sont très différentes mais identiques en ce qui concerne le désespoir que nous avons ressenti en entrant dans la salle des AA. Nous étions tous les deux cassés et nous voulions la solution proposée par les AA. Comme on le dit dans le Grand Livre, nous étions «prêts à tout faire» pour rester sobres. Notre volonté individuelle nous a ouvert de nombreuses perspectives en matière de compréhension et de connexion alors que nous nous dirigions vers le mode de vie des AA.

La question de savoir quoi chercher chez un sponsor se pose parfois chez AA. D'après mon expérience personnelle, je vous dirais d'écouter votre puissance supérieure et de ne pas avoir peur de demander. Vous pouvez toujours choisir quelqu'un d'autre si cette personne ne s'avère pas avoir raison. Mais je pense qu'il est important de discuter d'un changement si vous rencontrez un problème avec votre sponsor. Il y a de fortes chances que le problème vienne de vous et que le sponsor le sache déjà.

Copains

Une des choses les plus agréables quand je vais régulièrement aux réunions, c'est que je suis entouré d'amis. Chaque réunion semble avoir son propre groupe de personnes qui se présentent régulièrement. J'ai hâte d'assister à une réunion et de découvrir comment tout le monde se débrouille. Pas que je sois particulièrement sociable. Je suis un introverti et calme par nature. J'aime aller tôt et regarder les gens arriver. J'écoute les conversations autour de moi et me sens réconforté en étant simplement là.

L'autre soir, je me suis présenté et me sentais exceptionnellement fatigué. Un des hommes du groupe m'a jeté un coup d'œil et m'a demandé si j'étais ok. J'ai expliqué que je n'avais pas arrêté depuis tôt le matin et que je devais rester immobile pendant une minute. Il a convenu que j'avais l'air fatigué. La semaine suivante, il a encore vérifié sur moi. Quelle merveille de savoir qu'il s'en soucie. Et ce n'est que l'esprit de la pièce. Nous nous soucions tous les uns des autres. Je l'ai entendu décrire magnifiquement il y a quelques jours. C'est comme si nous étions entourés de grands pins robustes et que nous ne pouvions pas tomber trop loin du centre avant que quelqu'un nous redresse.

C'est également amusant de rencontrer des membres des AA en dehors de la réunion pendant que je m'acquitte de mes routines habituelles. Nous ne disons jamais d'où nous nous connaissons, ou simplement d'un groupe de soutien, pour protéger l'anonymat.

Je n'ai jamais eu le sentiment de faire partie d'un groupe comme celui des AA.

Alzheimer

Hier était particulièrement difficile. Tout a commencé avec un message du soignant de la mère d'Éric, qui disait qu'ils avaient aimé aller au cinéma mardi et que des préparatifs étaient prévus pour samedi; nous n'avions donc pas besoin de venir si c'était ok Il pleuvait, mais nous nous sommes promenés comme d'habitude. Pendant que nous conduisions, nous avons discuté de ce que cela pourrait signifier et de la façon de le gérer. En apparence, ce n'est pas grave. Cependant, il s'agit d'un changement d'horaire et de notre expérience, sa mère acceptera de faire quelque chose pour le moment mais, le moment venu, elle est fatiguée et veut dormir. Elle a la maladie d'Alzheimer et ce que cela signifie pour nous, je ne le sais pas. J'essaie simplement de prendre un jour à la fois et de régler le problème.

Eh bien, nous sommes allés nous promener, mais le parc a été inondé, de sorte que nous n'avons eu qu'environ une heure et demie au lieu des deux heures d'exercice habituel. Nous avons décidé d'appeler la gardienne après 1h00, heure à laquelle elle serait chez sa mère. Pendant que nous attendions cela, Éric a reçu un message téléphonique de sa mère, disant avec joie qu'ils avaient planifié samedi, alors inutile de monter. Nous avons donc appelé, parlé à tous les deux et leur avons dit que nous pensions qu'il s'agissait d'un changement soudain par rapport à notre horaire hebdomadaire et que l'idée ne nous plaisait pas. Ils semblaient déçus.

Nous sommes partis jeudi pour notre promenade habituelle sur la côte pour nous régaler, et nous étions tous les deux bouleversés et essayions de comprendre ce qui se passait pour provoquer ce changement. Nous avons de nouveau appelé pour obtenir plus d'informations et nous avons découvert qu'il s'agissait de la semaine de relâche alors le fils de la personne soignante était à la maison. Ils avaient prévu de faire des choses ensemble chez le soignant les deux week-ends, y compris le dîner de Pâques. La gardienne a déclaré: «J'ai un nouvel ami et je veux l'inviter ici pour le dîner de Pâques.»

Cela sonne bien, mais elle n'est pas une amie, elle est une cliente. Je me sens mal à l'aise quand elle traverse ces frontières. J'ai dit que nous devions en discuter et que nous les rappellerions. Nous avons continué à remonter la côte en traversant des flaques profondes dans la rue, mais en remontant jusqu'à l'autoroute. Il se mit terriblement en colère parce qu'il se sentait coupable de ne pas l'avoir laissée partir et ne pouvait pas décider quoi faire. J'ai dit que je ne pensais pas que son aidant naturel se rendait compte que changer d'horaire bouleversait nos plans et que demander à sa mère si elle voulait faire quelque chose n'était pas la meilleure façon de procéder.

Bien sûr, qu'elle dirait oui au moment où cela paraissait amusant, mais qu'elle souffrait de la maladie d'Alzheimer et de son état de santé généralement médiocre, il n'y avait aucun moyen de savoir si elle serait en mesure de le faire. Sa mère ne considère pas ce qu'il faut faire pour faire quelque chose, comment cela affecte d'autres personnes ou même comment cela pourrait l'affecter. En fait, je serais surpris si elle se souvient même de la conversation le lendemain. J'ai dit que pour nous, nous avions besoin d'un horaire prévisible et je voulais monter samedi et dimanche car nous nous sommes engagés à faire et à voir ce qui se passe.

Nous les avons donc rappelés. Comme Éric l'avait craint, sa mère était fâchée contre lui pour avoir dit non à leurs plans et il se sentait très mal. Alors il a dit d'aller de l'avant et a demandé à parler à l'aidant naturel, ce que nous avons fait. Nous avons essayé d'expliquer tout ce dont nous avions discuté. Il a été convenu qu'ils pouvaient faire des plans et essayer de les faire, mais nous allions quand même nous rendre compte de la situation.

L'aidant naturel a dit qu'elle essayait seulement de nous faciliter les choses, mais cela ne nous a PAS facilité les choses. En fait, cela a bouleversé Éric et moi et a causé beaucoup de consternation. Nous l'avons embauchée parce qu'elle a dit comprendre la maladie d'Alzheimer, mais je commence à me poser des questions. Nous devrons juste voir ce qui se passe samedi.

Nous avons donc pu passer un moment relativement reposant à dîner et à conduire chez nous. Mais sur le chemin du retour, la route était inondée et alors que je commençais à traverser Éric, il a crié pour que je m'arrête et que je recule. D'après nos conversations précédentes, je savais que je ne devais PAS faire cela et continuer à conduire, sinon de l'eau entrerait dans le silencieux et la voiture calerait. J'ai continué à conduire et à traverser. Cependant, nous sommes bientôt arrivés à un autre barrage routier et il a de nouveau crié pour que je m'arrête brusquement. Depuis qu'il a eu les trois accidents de la route à la fin de l'année dernière, il était extrêmement vigilant. C'est pourquoi je conduis maintenant et que j'aime conduire ma nouvelle voiture.

Nous sommes rentrés à la maison et j'ai appelé mon parrain comme je le fais toujours en fin de journée. Je lui ai dit que la journée avait été difficile, mais je ne voulais pas le revivre en le lui disant, mais expliquerais quand nous nous retrouverions pour notre entretien habituel le samedi matin.

Je suis entré et je me suis couché mais je ne pouvais pas dormir. Je suis restée éveillée pendant deux heures parce que j'ai tellement d'adrénaline que je déteste dans mon corps. C'est la raison pour laquelle j'exerce tellement et je fais de la médiation pour régler cela. J'ai dormi pendant quatre heures mais je ne suis pas totalement réveillé. Je me couche au lit en sentant mon cœur battre. Il semble être plus fort que jamais et je peux le sentir battre très fort dans ma poitrine.

Je ne pense pas avoir une hypertension artérielle parce que je prends des médicaments pour ça. Mais on a l'impression de travailler dur et je me demande quand ça s'arrête un jour. C'est peut-être à cause de ma pratique régulière de l'exercice physique, les cinq milles que je marche chaque jour. Mon corps est certainement plus fort que jamais et peut-être que mon cœur est aussi plus fort. Je ne peux pas dormir alors j'ai décidé de me lever et d'écrire dans mon journal / livre.

Je me demande si cela peut éventuellement intéresser ou utiliser pour quelqu'un d'autre, d'entendre parler de mes difficultés et de la façon dont j'essaie de les gérer. Je suis toujours sobre, même si j'ai certainement eu l'idée de prendre un bon verre fort pour me calmer. Mais je sais que je ne peux pas le faire alors ne le faites pas.

J'espère que cela servira un but utile autre que de simplement le sortir de mon esprit. Oh bien, c'est ce que je ressens maintenant. Je vais me coucher maintenant et essayer de laisser au moins mon corps se reposer même si mon esprit ne l'est pas. Je ferai de la méditation et de la prière aussi. Cela aidera peut-être.

Incertitude

Je veux essayer d'écrire sur quelque chose qui n'est pas encore clair dans ma tête. Mais peut-être que si j'essaie de le décrire, les mots viendront. Cela a à voir avec l'expérience de l'incertitude totale avec laquelle je vis maintenant. Peut-être que la vie a toujours été incertaine, mais je ne me suis jamais senti comme ça auparavant. Aujourd'hui c'est un jour difficile. Aujourd'hui, je doute de moi et de ma vie.

Quelque chose à propos de la mort de Leslie, puis du chauffe-eau éteint dans notre maison et des dégâts énormes causés à la maison qu'il a fallu six mois pour réparer, m'a fait réaliser que je vis avec une incertitude quotidienne. C'est comme si j'avais l'habitude de penser que je comprenais la vie, ce qu'il fallait pour la vivre «avec succès». J'avais essayé de respecter certaines normes et j'étais généralement capable de le faire. Maintenant, je suis douloureusement conscient de ne pas savoir quoi faire ni comment le faire. C'est comme si j'avais une boussole et que je l'avais perdue. Je pensais qu'il y avait des normes et des principes à respecter et, si c'était fait correctement, la vie me récompenserait facilement et confortablement. Au lieu de cela, j'ai maintenant une indépendance financière et une totale liberté pour faire ce que je veux et je me sens à la dérive. Chaque jour, il y a de nombreuses heures à remplir de manière aussi significative que possible. Cela aide de commencer par la promenade. Cela prend trois heures avant de monter et de retourner au lac. Ensuite, nous allons manger dans notre restaurant local préféré où de nombreux habitants se rendent. J'ai des activités structurées pour chaque jour et chaque semaine, mais j'ai l'impression que j'essaie de réussir en faisant ce qui semble être une vie enrichissante, mais ce n'est pas le cas. Je souhaite structurer mon temps de manière à ce qu'il soit utilisé à bon escient. Prévoyez une heure de surveillance quotidienne de la PBS Newshour, si possible. J'assiste à une réunion des AA qui, à mon avis et à ceux des personnes présentes, a un sens, c'est une excellente façon de terminer la journée. J'écris ce livre qui semble utile, mais je me demande si c'est vraiment le cas. C'est comme si personne au monde ne l'avait mieux compris que moi.

Je pense que je suis juste conscient de la douleur existentielle de sentir que ma vie est en quelque sorte terminée, que les jours productifs de certitude de but sont terminés. Je savais combien je devais travailler pour pouvoir payer mes factures et je le faisais volontiers. Maintenant, tous les absolus ont disparu.

Je crois que nous sommes tous ici sur terre dans nos vies respectives pour apprendre des leçons uniques à chacun de nous. Et quand nous les avons appris, je crois que nous mourons. C'est donc comme une remise des diplômes, une célébration du travail acharné accompli et du droit de retourner à la maison, auprès de Dieu.

Mais dans l'intervalle, je marche dans l'eau du mieux que je peux, en passant par le fait d'avoir une vie riche de sens, sans vraiment savoir que je le suis, que je le fais «bien», quoi que ce soit.

C'est difficile pour moi de vivre comme ça. J'essaie de ne pas y penser. Mais je me sens très prêt à abandonner cette vie et à passer à autre chose. En fait, j'espère que cela sera fait. J'apprécie la beauté de la vie mais elle ne me suffit plus. Je suis en train de passer aux motions. Je n'ai pas l'intention de me suicider parce que, honnêtement, je ne pense pas que cela résoudrait le problème: si je n'avais pas fini de faire ce que je suis venu faire ici, je devrais tout simplement renaître et recommencer, ce que je ne 'veux pas faire. Je me retrouve à regarder les gens et à me demander si je ne leur rendrais pas visite si je le voulais. Si la joie de leur vie valait toutes les souffrances qui en découlent. J'y réfléchis et trouve toujours la réponse que non, cela ne m'inciterait pas à revenir. Je peux paraître ingrat pour les bénédictions de ma vie. Je suis reconnaissant, mais il manque encore quelque chose. Aujourd'hui, je me sens belle, jeune et pleine de promesses. Aujourd'hui, il me manque d'avoir des objectifs pour moi et de les atteindre, comme obtenir une ceinture noire ou un doctorat ou devenir vice-président associé. J'ai fait toutes ces choses. Et je suis parti et je suis passé à autre chose parce qu'une partie de mon âme aspirait à plus. Une partie de moi souffrait dans ces rôles et je me sentais isolée de moi-même, ne vivant qu'une partie de moi dans chaque situation. Maintenant, je me sens authentique tout le temps.

Je ne me cache pas Je suis honnête. Je choisis généralement de partager très peu de moi avec les autres. Il semble généralement inutile de parler. Je me demande comment les gens peuvent parler sans fin de rien. C'est presque comme si certaines personnes parlaient de leur vie et me demandaient «est-ce important?» «Es-tu impressionné par ce fait qui me concerne?». Je me sens obligé de réagir et de réaffirmer leur vie mais je ne réponds pas. Je pense honnêtement à quelque chose qui pourrait contribuer à la discussion, mais je ne peux généralement pas penser à rien, en partie parce que je pense qu'ils ne parlent de rien. Ils discutent simplement de leur vie.

Ce que je trouve utile, ce sont les réunions des AA. Nous discutons ici des sujets épineux de la vie: Que signifie capitulation? Qu'est-ce que je fais de l'ennui dans ma vie? Comment gérer la dépression? Qu'est-ce que la gratitude, le service ou le rétablissement? Dans AA, il n'y a pas de place pour faire semblant. Tout le monde qui reste est authentique. Je vois des gens partir et je sens habituellement d'eux un niveau de prétention. Je ne dis pas cela d'une manière condannante. Je veux dire qu'ils tiennent toujours sur une image d'eux-mêmes comme étant ok et ne sont pas prêts à se soumettre totalement au processus discuté lors des réunions et dans le Grand Livre. Le désespoir est nécessaire pour pouvoir renoncer à tout ce qui nous a traversés la vie jusqu'au point de passer par ces portes et vouloir essayer quelque chose de nouveau. C'est humiliant mais libérateur. Heureusement, à ce stade, nous pouvons compter sur les autres membres du groupe pour prendre soin de nous et nous aimer d'une manière que nous n'avons pas encore connue. Habituellement, la honte et la défaite sont les sentiments les plus présents dans notre esprit lorsque nous franchissons les portes avec crainte. Nous avons été battus par la vie. Et puis lentement nous commençons le voyage de retour à la vie. Nous faisons ce qu'on nous suggère de faire. Ou nous pouvons choisir de partir et essayer encore une fois de nous débrouiller avec nos anciennes stratégies d'adaptation.

Peut-être qu'aujourd'hui, je me sens si incertain parce que je suis en train de «devenir» plutôt que d'être «j'ai dit à mon parrain que je sortais chaque jour comme une falaise aérienne en espérant que je ne tomberai pas. Je fais mes prières chaque matin à la première heure sur la foi et espère qu'il y a vraiment une Puissance Supérieure ici pour m'aider. Je dis cela même si j'ai eu plusieurs fois dans ma vie quand cette puissance supérieure s'est révélée être en train de me guider et de m'aider. Quelle partie de moi continue à se retenir dans la peur? Quelle partie de moi souffre encore? Je ne suis pas sûr. C'est ce que je réfléchis. Demain peut être différent.

Mon endroit sûr et privé

Frances m'a demandé si je pouvais parler davantage de l'endroit sombre et sûr dans lequel je me retire parfois. Je l'avais mentionné en thérapie la semaine dernière. C'est un endroit en moi qui est toujours, calme et sûr.

Je crois que j'ai développé cet endroit en moi quand j'étais enfant. Je sentais que je devais respecter les normes de perfection quand j'étais enfant. Je devais m'habiller à la perfection, exceller à l'école et agir selon les règles dans toutes les situations. C'est comme si mes parents avaient déjà compris la vie et ils m'ont donné le plan pour réussir. Je devais simplement obéir et me comporter comme ils le voulaient.

Mais il y avait toujours des moments où je voulais battre en retraite et être seul. Quand je vivais sur le lac, je me souviens que je me promenais seul dans les bois et que je me taisais. J'ai aimé regarder et entendre les oiseaux. Je me souviens d'un jour, j'ai sorti la barque et regardais du poisson dans l'eau à côté du bateau. J'en ai pris un et l'ai regardé. C'était beau. Ensuite, je l'ai doucement reposé dans l'eau et il a nagé.

J'aimais ramer toute seule, me sentant en sécurité pour explorer et être avec la nature. Un jour, j'ai ramé jusqu'au sommet du canal où un pont traversait l'eau. J'ai vu un sac de jute tomber dans l'eau et j'ai eu peur que quelqu'un ait noyé des chatons dans l'eau. Je suis rentré à la maison et j'ai eu ma sœur. Nous avons ramé ensemble, avons délayé provisoirement le sac et avons regardé à l'intérieur. Il contenait du chlore pour tuer les algues du lac. Quel soulagement c'était pour nous.

Je me souviens de rentrer chez moi de l'école en passant par les bois, profitant de la beauté et du calme de tout cela. Un jour d'automne, je suis rentré chez moi à pied, j'ai sali mes vêtements et j'ai eu des ennuis pour cela. J'étais plus prudent qu'eux.

Donc, ce que je veux dire, c'est que j'ai toujours eu en moi un endroit privé où je peux être seul et en sécurité, loin des exigences de la famille et des autres. Donc, pour moi, battre en retraite, c'est trouver du réconfort. C'est bien préférable au bruit et aux affaires d'être entouré d'autres personnes.

Aujourd'hui, je m'y retire quand je me sens fatigué et dépassé. J'aime être à part. J'apprécie le calme et la paix. Ce n'est pas une dépression ou un espace triste. C'est la partie de moi qui ne change pas, qui n'est pas liée aux efforts et aux performances des nombreuses tâches que j'ai définies pour moi-même ou que la société m'a confiées à ma responsabilité. Le non-effort est ce que je parle. Être juste.

Mon Cœur

Ce fut une journée inhabituelle. Je me suis réveillé à 2 heures du matin et je ne pouvais pas me rendormir. Finalement, j'ai commencé à méditer en demandant à Dieu s'il y avait quelque chose que je devais faire attention. Mon cœur battait très fort, comme je l'ai remarqué récemment. Je sentais mon corps respirer dans chaque respiration et mon cœur battre avec le rythme et me suis dit que je ne suis plus qu'un souffle d'être mort. Je me demande quand ça va s'arrêter. C'est ce qui m'a amené à penser à quel point Éric serait bouleversé si je mourais subitement sans qu'il sache quoi faire. Alors, dans ma tête, je pensais à tout ce qu'il devait savoir, de téléphoner à la morgue pour récupérer mon corps (que j'ai payé d'avance pour être incinéré), pour gérer les factures et savoir comment faire un mémorial s'il le souhaitait. Je ne me suis pas levé pour écrire dans mon journal parce que je pensais pouvoir dormir un peu plus. Je me suis finalement assoupie vers 6h30 pendant une heure.

Je me suis réveillé à 9 heures du matin, heure à laquelle je me lève tous les matins pour notre promenade. Il pleuvait toujours très fort, alors je pensais écrire sur mon ordinateur les choses que je voulais faire savoir à Éric si je réussissais afin que je puisse oublier ça. Quand j'ai eu fini, je suis allée voir Éric. Même si je voulais aller me promener, il pleuvait abondamment et nous avons décidé de sortir pour le petit-déjeuner. Pendant le petit-déjeuner, je lui ai raconté ce que j'avais fait. J'ai aussi remarqué qu'il parlait beaucoup du passé quand il était surfeur et de la façon dont il faisait les choses. Je lui ai demandé de se concentrer sur le moment et sur ce que nous pourrions faire ensemble à l'avenir. Il a eu mon point. Une des choses que nous souhaitons faire est de faire de l'équitation sur la côte afin de nous arrêter dans l'un des ranchs que nous passons chaque semaine et de déterminer quand nous pourrons le faire.

Il pleuvait toujours après le petit-déjeuner, nous avons donc décidé d'aller au cinéma. Nous sommes entrés et un film qui commençait tout juste sonnait bien: La saison des miracles. C'était un film merveilleux racontant l'histoire vraie d'une joueuse de volley-ball du lycée, Caroline Found, qui venait de passer soudainement, et comment son équipe s'était mobilisée pour remporter le championnat de l'État d'Iowa 2011 en son honneur. C'était très émouvant.

Reconnaissance

Je suis extrêmement reconnaissant pour ma nouvelle vie de sobriété. Je ne m'y attendais pas et je sais que c'est un cadeau de Dieu. Tout ce dont j'avais besoin, c'était de l'humilité et de la volonté de faire tout ce que mon parrain me proposait de faire. Chaque jour est un nouveau cadeau.

Je me sens maintenant comme une partie intégrante de la communauté des AA. C'est un plaisir d'aller à des réunions pour voir mes amis et voir comment je pourrais contribuer à leur succès dans la vie. Je suis profondément béni.

La fin

Cela fait maintenant neuf mois que je suis sobre et que ce livre est terminé. Le processus de rétablissement est continu et je suis sûr que je continuerai à grandir et à changer. Cependant, je pense que le but de ce livre est terminé.

J'espère que j'ai dit quelque chose qui vous sera bénéfique. C'est ce que j'ai voulu sincèrement écrire. Je vous bénis dans votre voyage spirituel.

Namaste,
Rose

Annexe A

Les Douze Étapes des Alcooliques Anonyme:

Les Douze Étapes des Alcooliques Anonymes 1. Nous avons admis que nous étions impuissants face à l'alcool - que nos vies étaient devenues ingérables. 2. Est venu à croire qu'un pouvoir plus grand que nous pourrait nous ramener à la santé mentale. 3. A pris la décision de confier notre volonté et nos vies aux soins de Dieu tel que nous le comprenions. 4. Fait un inventaire plus intrépide de notre recherche et sans peur. 5. Admis à Dieu, à nous-mêmes et à un autre être humain, la nature exacte de nos torts. 6. Étaient tout à fait prêts à ce que Dieu supprime tous ces défauts de caractère. 7. Nous lui avons humblement demandé de supprimer nos faiblesses. 9. Amender directement ces personnes chaque fois que possible, sauf quand cela leur ferait du tort ou les blesseraient à d'autres. 10. Nous avons continué à faire l'inventaire personnel et lorsque nous nous sommes trompés, nous l'avons rapidement reconnu. 11. A cherché, par la prière et la méditation, à améliorer notre contact conscient avec Dieu tel que nous le comprenions, en priant uniquement pour connaître sa volonté pour nous et le pouvoir de le réaliser. 12. Ayant connu un réveil spirituel à la suite de ces étapes, nous avons essayé de transmettre ce message aux alcooliques et de mettre en pratique ces principes dans toutes nos affaires.

Annexe B

Référence:

Green, Glenda (1988, 1992), Un amour sans fin... Jésus parle. Édition Heartwings, Fort Worth, Texas.

Renard, Gary R. (2002, 2003, 2014). La disparition de l'univers. Maison de foin, Inc. Carlsbad, Californie.

Schucman, Helen et Thetford, William (1975, 1985). Un cours en miracles Une fondation de volumes combinés pour la paix intérieure, Tiburon, Californie.

W. Bill et S. Bob, Dr. (1936, 1955, 1976, 2001). Alcooliques anonymes. Services mondiaux Alcooliques Anonymes, Inc. New-York-City, New York.

Éditer par: Maple Leaf Publishing Inc.
3rd Floor 4915 54 Street
Red Deer, Alberta T4N 2G7, Canada
https://mapleleafpublishinginc.com
Pour commander: 1-(403)-356-0255

N° ISBN : 978 - 1 - 77419 - 004 - 3

Dépôt légal : 16/08/2019

Traduction de l'Anglais par **Frédéric Bar**

Couverture : **Frédéric Bar**

Photo Couverture : **Marianne Sopala**

Maquette : **Frédéric Bar**

CPSIA information can be obtained
at www.ICGtesting.com
Printed in the USA
BVHW010730020819
554891BV00023B/2/P